U0934029

小城大爱

建言 主编

厦门大学出版社 国家一级出版社
XIAMEN UNIVERSITY PRESS 全国百佳图书出版单位

编委会

历史的镜鉴给人一双慧眼

李泉佃

中共厦门市委宣传部副部长、厦门日报社党委书记、社长、总编辑

由厦门日报《城市副刊》与建发房产联合发起的《小城大爱》征文活动，已进入尾声。作品集付梓之际，编辑要我写几个字，权当序言。

本次征文主题为：住在厦门，爱在厦门。不过，据说，建发房产的意思是，要走出厦门，而不囿于厦门。

大家知道，建发房产的理念、模式、品质、形象等等，在厦门可谓家喻户晓，人人皆知。这些年，他们已在厦门、福建之外的一些大中型城市，如上海、成都、长沙，开疆拓土，稳扎稳打，与当地的风土人情融洽无间。

据说，他们这次联手《厦门日报》，是想借助这家海峡西岸最好的主流媒体的平台，把他们的品牌延伸到全国。

我不知道“小城大爱”的调子是谁定的，但我知道，这四个字，可能恰恰是建发房产打造百年老店的宗旨与追求。

建发房产是厦门这座文明、温馨、祥和的小城自己的孩子。从呱呱落地到了今天，已走过了整整30个年头。无论是资历，还是实力，他们都可堪称是中国房地产界的翘楚。

我没有买过建发房产的一寸住宅，没必要，也没义务为他们做免费广告。但是，作为一名记者，我不能放弃任何对事件，或事实的探究。而探究事实，有三个层次，一是真实，二是全面，三是本质。真实的，不见得是全面的；全面的，才是接近本质的。干我这一行，最忌讳从局部真实导向本质的真实，这最容易出错。所以，我素来主张，以完整报道事实为己任，尽最大可能表现事实的多面性、复杂性和争议性，让他人得出自己的结论。

这些年来，房地产市场鱼龙混杂，泥沙俱下，良莠不分，已是不争的事实。但是，我可以负责任地说，这些年来，我所在的媒体，几乎没有接访过任何的有关建发房产的投诉，几乎没有耳闻过任何的有关建发房产的八卦。我们的媒体上，有关建发房产的新闻报道，从未有过任何的被质疑。

这引发我的好奇心。

都说，现在的社会，物欲横流。这难免以偏概全，但现实也的确存在不少荒唐现象，比如炫富现象。一些低素质的暴发户，到了国外，急于张狂，急于炫耀。结果，人家就以为中国人都是傲慢狂妄、不可一世的。

其实，这样的暴发户往往是短命的。

记得1945年7月，黄炎培与傅斯年、章伯钧、左舜生等6位国民参政员访问延安，与陪都纸醉金迷的乌烟瘴气相反，黄炎培目睹了革命根据地的一派欣欣向荣。从延安归来后，他十分兴奋。友朋纷纷来探问延安的情况，黄炎培应答不暇，遂闭门谢客，口述延安经历，由其妻姚维钧执笔整理，一连数日，合作完成《延安归来》。

“我生六十多年，耳闻的不说，所亲眼见到的，真所谓‘其兴也浡焉，其亡也忽焉’，一人，一家，一团体，一地方，乃至一国，不少单位都没有能跳出这周期率的支配力。大凡初时聚精会神，没有一事不用心，没有一人不卖力，也许那时艰难困苦，只有从万死中觅取一生。既而环境渐渐好转了，精神也就渐渐放下了。有的因为历时长久，自然地惰性发作，由少数演为多数，到风气养成，虽有大力，无法扭转，并且无法补救。也有为了区域一步步扩大了，它的扩大，有的出于自然发展，有的为功业欲所驱使，强求发展，到干部人才渐见竭蹶、艰于应付的时候，环境倒越加复杂起来了，控制力不免趋于薄弱了。一部历史，‘政怠宦成’的也有，‘人亡政息’的也有，‘求荣取辱’的也有。总之没有能跳出这周期率。”

53岁的毛泽东相答：“我们已经找到了新路，我们能跳出这周期率。这条新路，就是民主。

只有让人民起来监督政府，政府才不敢松懈。只有人人起来负责，才不会人亡政息。”

这341字的精彩问答，出于黄炎培、毛泽东之口，见于姚维钧之笔。

历史的镜鉴给人一双慧眼。

近年，中国经济发展速度很快，民众素质与经济发展水平不能同步提高，这就出现了硬实力和软实力脱节的现象。有些先富起来的人，掌握着巨大的物质财富，占有优质的社会资源，但他的素质和能力却不足以支配那么多财富。从大的方面说，这有可能造成社会财富和社会资源的浪费；从小的方面讲，有可能造成个人自身财富的浪费。

如是，“其兴也浡焉，其亡也忽焉”的“周期率”，就必然再现。

三十而立。三十岁的建发房产，必然到了思考、探索未来之路的时候了。其实，他们已在实践。

我认识的建发房产的高层不多，我更多的是与他们的一些员工交流。建发房产的员工很骄傲，也很自豪。他们认为，在建发房产，能够很体面地劳动，有尊严地生活。而这个方面，恰恰是当下社会迫在眉睫、亟待解决的问题。有钱就高人一等，没钱就一文不值。这样的社会，绝对是不健康的。健康的社会是，无论你是一个清洁工，抑或一位大老板，你都能得到同等的尊重。一些企业做不到，而建发房产做到了。

还不至于此。在资助弱势群体活动中，常常活跃着建发房产的身影。他们默默无闻地承担着与自己实力相符的责任，就像春雨，润物细无声。

当我们的经济正在向“市场”大踏步迈进的同时，我们的社会在组织和管理上，怎样才能及时跟上这种变迁？

现实在残酷地拷问着我们的政府、企业和社会。作为一家有责任的企业——建发房产，他们用自己的实践在回答：让每个人都享有尊严，每个人都体面地劳动，体面地生活。无论他们是买得起房的富人，还是买不起房的穷人。

这就是爱，小城大爱，大爱无疆。

百幸人家

目录

小城春秋

小城春秋

易中天

知名学者

厦门 总让人想起生活

口述 / 易中天

2010 年 5 月 2 日，“读城大师”易中天在上海世博会厦门案例馆妙语品厦门。

我对厦门的第一印象感觉着是一个公园而不是一个城市，推开窗户就能领略到鸟语花香。在厦门，现在听不到机器声，只有鸟叫、海涛声。

温馨厦门

我从 1985 年在厦门生活到现在，却不敢说我对厦门的解读是最深入的。因为，我并不懂闽南话，如果不懂一个城市的方言，就无法深入了解这个城市。但是在我的读城笔记中，对厦门的描述却是最美好的，用一个词概括，就是温馨。

1998 年《新周刊》推出中国十大魅力城市排行榜，每个城市都用一个词概括。当时关于厦门的评价文章，就是我写的。

当时我想了好几个词，首先是“美丽”。我对厦门的第一印象感觉着是一个公园而不是一个城市，推开窗户就能领略到鸟语花香。在厦门，现在听不到机器声，只有鸟叫、海涛声。

厦门有这样的景致，是因为厦门推行“绝不以牺牲环境为代价换取经济的发展”的政策。我记得以前修环岛路时，当时有一棵大榕树在道路规划范围内，为了保住这棵树，环岛路在这里优雅地拐了一个弯。

第二个词是“洁净”。厦门不像很多城市，下雨之后满是泥泞。这也是因为厦门有“不太容易脏”的先天优势。厦门市民高度的自觉性也很重要，到厦门街头去看，很少有市民随地扔烟头、果皮。而且这种习惯有一种很强大的同化力量，不管是闽南本地人，还是外来的新厦门人，定居在这里就会养成习惯。我曾经仔细地观察过，在外地开会时，从厦门来的人绝不会在会上吸烟。为什么厦门人能做到这一点？是因为厦门人热爱自己的城市。

第三个词是“家园之感”。之所以这么说，是因为我发现厦门的一个独有现象，就是人与人之间的称谓不同于其他城市，同事、同学、师生之间，如果对方是双名的，大家之间称呼是不带姓的。如果在北京，一位异性叫你的名

▼ 风景迤逦的厦门是开放的大公园。 图 / 李鸾汉

字，那就是有问题了，但在厦门绝无问题。所以我现在都形成习惯了，接到电话如果对方叫我“易中天”，我会吓一跳，心里想：吵架的来了！

厦门的家园之感还有一个现象，大年三十的下午，厦门街上没有人。不能回家过年的外地人去哪里了？都被厦门人接回自己家去了。厦门真正做到了“老吾老以及人之老，幼吾幼以及人之幼”，正宗的厦门人绝不让自己的朋友、同事一个人在厦过年。这种时候，厦大门口就只有一种人：南普陀的和尚，出家人嘛。

通过这三个词，美丽、洁净、家园，我最后概括了一个词，那就是“温馨”。

吃喝玩乐在厦门

我在厦门生活了很长时间，有许多生活体验可以分享。

先说吃的吧，按照我接触时间顺序来讲。我来厦门第一个爱吃的是沙茶面，然后是烧肉粽、面线糊、花生汤。我接触这些厦门小吃，其实是一个渐入佳境的过程。

我个人最爱去的是环岛路。对我来说，它

最大的好处是人少。它是一个开放的公园，海阔天蓝，行人很少。

至于好玩的当属博饼了，它不仅保留了民俗文化，而且关键是传播性很强。我发现有两个现象，一是移民到了厦门之后很快就上手，另外一个是他们学会后到了外地，还会将这个带到当地。现在我女儿在上海上学，中秋节聚会的保留节目就是博饼。

还有一个最值得推荐的就是南音，非常古雅。可能许多人和我一样都不懂闽南语，但南音最重要的是体会那种韵味。这就好比洋人看书法，洋人也不懂汉字，但他能感受到书法的飘逸之美，又好比中国人听意大利歌剧。韵味是跨国界的，超越语言的，只要欣赏者感到美，感到好就行了。

厦门人还有一个最大特点——爱泡茶，悠悠万事，唯此为大。到厦门第一个月我去医院探望同事，发现墙上贴着“禁止泡茶”的告示。厦门人泡茶之地无所不至，恨不得出差在飞机上都要随身携带“飘逸杯”。厦门人其实是将生活当成茶来品，越品越美。

▼碧海银波，景色如画。 图 / 王火炎

舒婷

著名女诗人，朦胧诗派代表人物，代表作之一《致橡树》，主要著作有诗集《双桅船》、《会唱歌的鸢尾花》、《始祖鸟》，散文集《心烟》、《真水无香》等

固守家园 文 / 舒婷

紫檀老家具上的岁月之尘，园子里车前草的药味，甚至衣裳在大红樟木箱里染到的樟脑味，是他们自娘胎里就熟悉的，终生都不会忘记。

回想起来，我有幸见过的经典建筑还不少。国外的诸如古罗马斗兽场，罗浮宫，泰姬陵，耶路撒冷大清真寺等；国内的名寺大庙，古城官邸，园林石窟，见的就更多了。平心而论，虽然对人类艺术文化里这部分最辉煌的成就，充满敬畏之意，但我更倾心的是落日下，莱茵河畔图林根小镇错落的红房子；马六甲海峡边热带风味十足的住宅群；以及我的家乡鼓浪屿岛上，这些历经沧桑内涵丰富的，人格化的老别墅群。

雨果说建筑是“用石头写成的史书”，歌德说建筑是“凝固的音乐”。我参加两届“建筑与文学”的研讨会，聆听过国内建筑大师与著名学者、作家关于这方面的精辟论述，这门学问越是深不可测，越是具有无穷的魅力。

人们可以不参观画展，不去音乐厅，不上歌剧院，但无法拒绝建筑，无法逃避建筑的影响。因为建筑就是你的皮肤的延伸，你的呼吸的形状，你的家庭外壳那信以为真的保护层，你的阶段性或终结性命运。

如果我们在计算机里查询“建筑与人的关系”跳出来的目录，多半是房产集团五花八门的广告。半个多世纪以来，被无房无地无落叶之根吓坏了的中国人，拼命盖高楼公寓，拼命

海上花园鼓浪屿历尽沧桑，内涵丰富。 图 / 林世泽

挤进崭新的水泥格子里。在这些密密的蜂巢里，材料相近格局雷同，家具摆设大同小异。人被镶嵌在里面，几乎动弹不得，个性面目渐渐模糊，更别提什么“在建筑里的空间内或者从建筑本身得到自身价值的判断”。

国际知名的建筑设计大师马里奥博塔还认为，人们能够把建筑作为一种精神上的寄托，除了在建筑中感到亲切，舒适，便捷等等之外，还能体验到一种内在的情感。

前些日子参观了一幢新别墅。别墅外是精致小巧的花园，袖珍型鱼池，假山和矮种果树。别墅里面装修得很现代化，全套卫生设备，电力设施齐整，字画古董，什么都有，就是没有人情味。我们在这住所里感到冷漠与荒芜，谈话的声音漂泊空洞，像无光可趁的夜间蛾子。时间尚未发酵成芳菲的记忆，生命的温度达不

及渗透墙与顶，砖头和水泥便仅仅是砖头和水泥。开车带我们去的朋友已经访问过几回了，还是不能够从一模一样拥挤在一起的20多座别墅里，把它认出来。而别墅主人的学识，创见和成就，却是福建文化界独一无二的。

这些道理，他知道我也知道。但是，在整齐划一的时代里，我们别无选择。

我现在住的楼房产权为家族共有，丈夫所占份额比例很小。不能免俗的我，也还是担心有朝一日落得无处栖身。遂在厦门买了一套公寓，好几年来，提不起兴致进门看看，更甭说装修了。如果有人敢擅自破门而入，在里边结婚生儿，孩子可能都四五岁了。

日常工作和生活的不便利，鼓浪屿的居民已经越来越少，越来越老龄化。我们还固守在小岛上。因为，丈夫出生在这座老房子的二楼，儿子出生在二楼的前房。紫檀老家具上的岁月之尘，园子里车前草的药味，甚至衣裳在大红樟木箱里染到的樟脑味，是他们自娘胎里就熟悉的，终生都不会忘记。他们的童年，少年，青年时代，与这座老屋相依相存。绸衫缎褂，竹编火笼，长栓铜锁，镶龙青花瓷瓶，以及锈斑累累的老式怀表，将一代一代的传说，散落在楼梯间和地下室里 。老祖宗的画像君临这一切之上，庇荫着也监管着子孙们。

无论我喜欢或者不喜欢，木棉树下的红房子，是我丈夫与儿子的精神家园，因而，也是我生命的一部分。

选自舒婷散文集《真水无香》

▼ 枝干横出的老榕树尽情表达岛民对家园的眷念。

图 / 林世泽

▼ 鼓浪之声，沉鱼出听。

图 / 林世泽

王宪榕

厦门建发集团董事长、全国人大代表

融城共长　永不止步

文 / 王宪榕

马拉松赛作为全民健身运动的重要组成部分，其广泛的市民参与性和其中所体现出来的积极向上、超越极限、锲而不舍、永不止步的精神，不仅反映了厦门这个城市的精神特质，也与建发积极进取、和谐发展的企业精神相吻合。

福建厦门，历来就是中国东南沿海对外贸易的重要口岸，也是一个著名的侨乡，当年走南洋的中国人，多半是从厦门上船的。由于"侨"的因素，1980 年，厦门与深圳、珠海、汕头一起被国务院列为经济特区，厦门特区从此成为世人瞩目的热土，开启了一个把"创"字大写的时代。而厦门建发集团也正是在那一年创立的。

成立之初，作为当时厦门市政府对外招商引资的"唯一"窗口，建发代表政府接待外商、洽谈项目，从 1980 年到 1984 年的短短 4 年间，对外洽谈、签订了 471 个项目，其中直接参与合资、合作的项目 22 项，包括参与组建了全国第一家地方性航空公司厦门航空，参股了中国第一家中外合资银行厦门国际银行，为厦门引进了中国第一个中外合资的卷烟企业华美卷烟公司和第一家外商独资企业印华地砖厂，与外方合作开发了第一个房地产项目华侨新村……可以说，建发从成立之日起就与经济特区血肉相融。

我是在 1984 年加入建发的。那时的建发正由行政性公司向经营型企业转型，这一重大转变使公司面临着巨大的挑战。我们重新梳理了业务发展思路，对投资项目进行了清理整顿，并对公司管理机制进行了一系列改革，为公司的良性发展打好了基础，使公司在上世纪 90 年代中期迎来了快速发展期。联发集团、悦华酒店、厦华电子、厦门国际会展中心、厦门国际信托投资公司等大型企业陆续成为建发的成员企业，使建发的实力得到快速壮大，也使建发的业务领域和产品渗透到厦门市民衣食住行

等各个方面。

企业发展了，效益上去了，日子好过了，但建发人深知“饮水思源”的道理，因此在发展的同时不忘回馈哺育她的“厦门”。从2003年开始举办的一年一度的厦门国际马拉松赛是厦门的一张城市名片，已经连续第三年成为国际金牌赛事，从2005年到现在，建发集团连续总冠名赞助厦门国际马拉松，而且还将一直总冠名赞助到2013年。看着2010年厦门国际马拉松赛5万名运动健儿齐参赛的空前盛况，我觉得所有的付出都是值得的。马拉松赛作为全民健身运动的重要组成部分，其广泛的市民参与性和其中所体现出来的积极向上、超越极限、锲而不舍、永不止步的精神，不仅反映了厦门这个城市的精神特质，也与建发积极进取、和谐发展的企业精神相吻合。每年，通过电视转播看到那么多市民、那么多公司的员工参与其中，我也非常开心。

今年是建发而立之年，看看我周围那么多的同事们把自已一生中最精华的时间献给了建发的事业，我十分感慨和感动。建发可以说是厦门特区的产物，也是厦门改革开放的一个缩影，“融城共长、永不止步”，我希望所有的建发人在厦门这条美丽的“跑道”上再创新的辉煌。

▼ 爱琴海项目实景拍摄。

厦门的美 文 / 朱水涌

为什么厦门有如此美的魅力，因为这座城市的每一道街衢、每一寸土地都流淌着艺术的精神血脉，在人们的愿景中，厦门是一座艺术之城。

“我访问过很多城市，厦门是最美的。”从上世纪80年代走过来的厦门人，都会记得美国前总统尼克松说的这句话。厦门的美，美在鼓浪洞天流动着优美旋律，在红砖橙瓦清水雕砌中传出来不辍弦诵，在蓝天绿海与花园城市交响中播送着多彩韵律，更在那些打心里爱美向往美的境界的厦门人的襟怀中。

我认识一个叫“老舅”的人。老舅在环岛路边有一间不小的画廊，画廊里挂着不少名家的国画、油画、水彩，自然也有书法。画廊摆着一张书案，随时让人挥毫泼墨，还有一架很不错的钢琴。老舅的画廊原本是销售高档家具的，这几年变成画廊，但这间画廊很奇怪，它白天不开门，一般只有傍晚和晚上才开，而且开门没有规律，一周也开不了几次，但一旦那门开了那柔和的灯光亮了，那房间便会传导出一种新鲜的感觉，一种富有情感的吸引力。我去过几次，才知道老舅的画廊不是用来交易的，而是用来会友的。这里经常聚集着一些本土的艺术人士和时时流动的外来艺术家，有画画的，唱歌的，调琴的，作曲的，也有厦门的文化官员，而外来的客人则常常是一些人们很熟悉的

朱水涌

厦门大学人文学院副院长、教授、博士生导师
厦门作家协会副主席

文艺界著名人物，一屋子都是些爱美的旷达的人。大家海阔天空地谈笑着，或捧出一件新发现的作品品味，或谈论某个文艺人的过去和现在，也常议议厦门的建设厦门的艺术，却都是欲饮则饮，欲止则止，各随其心，以谈为乐也。高兴起来便有人会坐到钢琴前面，有人站出来高歌助兴，可那歌喉一展，却是歌剧《茶花女》的某个唱段，十足的美声。在这样的氛围中，你会觉得精神上和身体上都有了一种悠闲，一种恬静，一种心神清爽的休息，好像一个人在疲乏的长途旅行中停下来喝一杯清凉的饮料，却又有“春的希望和夏的炎热中间兼有秋的冷静和冬的智慧”。此时我会想起林语堂的那句名言：“美的世界岂不是一席人生的宴会，摆起来让我们去享受。”老舅的画廊是很多人未曾发现的厦门的美。

与老舅一幅鼓浪屿气质不同，同安的颜立水是一幅非物质文化遗产的面孔，但正是这位不起眼的同安人，为厦门的美增添了一部极其珍贵的不可再生的民间艺术集成。在上世纪80年代，颜立水常常提着一只县城人提的提包，沿着乾隆版的《同安志》提供的线索，翻山越岭，

昔日厦门八大景之一的“筼筜渔火”已被华美夜灯重新诠释。 图 / 李弯汉

图 / 王火炎

在同安的山村僻野、深山老林探寻忙碌，发现一尊石像，一座石马，便用几元钱几十元钱从农民手中买下，再用几元钱几十元钱雇人挖掘、雇人用手扶拖拉机运载到同安的孔庙，却不料这一尊尊石像石马的收集，竟组合成了同安从唐代到明清民间石雕的艺术宝库，成为同安孔庙中最奇特最可珍惜的一大景观。90 年代我曾陪著名的画家丁仃到同安，他一看那一堆石头不禁目瞪口呆，他惊叹："怎么也想不到福建还有这么珍贵的艺术，无价之宝啊！"倘若从经济上算计，同安孔庙的那数十座历代的石雕，今天就是花数百万元也是很难得到的宝物。但今天的颜立水，依然是提着一个很不名牌的提包，在同安的乡村野渡悠闲地行走。

我时常想，倘若篔筜湖畔缺少那尊沐浴后的白鹭女神，翔安隧道口少了那座指南针指向苍穹的"业翔民安"铜雕，环岛路上没有了那些散落于绿色中的红浆、合抱石掌和携着孩子走向大海的母亲，厦门还会这么美吗？一个不尊重艺术的城市是不美的，一个没有许许多多向往艺术的人的城市是不会有美的境界的，为什么厦门有如此美的魅力，因为这座城市的每一道街衢、每一寸土地都流淌着艺术的精神血脉，在人们的愿景中，厦门是一座艺术之城。

陈伟鸿

央视经济频道《对话》节目主持人

温馨厦门　宜居生活 文 / 陈伟鸿

音乐对于厦门，是一道驰名的风景，而对于我来说，则是一个割舍不了的爱好。当你走在鼓浪屿的小街道上，海风轻轻地吹在你的脸上，海风带来的是鼓浪屿上随时可听到的悦耳的钢琴声。

海浪的节拍伴随着钢琴的音符，温柔的小夜曲在海上花园回响。 图 / 朱庆福

我是福建人，而且在厦门工作了很长的时间，最喜欢吃的菜是厦门特有的海鲜料理“煎蟹”。让我来概括的话，厦门总是那么的纯净透明、天高云淡，这个城市的空气纯度很高，厦门人的性格也很质朴。感觉这是一个很自然的城市，不管工作节奏还是生活环境，都和自然贴得很紧。

有一段时间，我同时兼着中央电视台和厦门电视台两份工作，感觉就特别明显，北京是一个工作节奏很快的国际化都市，和厦门完全不同，我每次完成央视的工作后都会长出一口气：明天就要回厦门了！有一种特别舒畅的感觉。在厦门的日子里，我经常“宅”在家里不出门，不去应酬，就坐在沙发上傻傻地看着电视、听歌，觉得挺享受的。别人可能觉得生活太平淡了，但我觉得厦门特有的温馨“慢”生活挺享受的。

我十分怀念早期在厦门音乐广播做 DJ 的经历。厦门给了我很多机会，在厦门电视台，有很多事要自己来管理，每一个人都有好几个角色，后期的节目制作也是我自己来干。当然，这也让我得到了全面的锻炼，对我现在在央视的工作帮助很大。

音乐对于厦门，是一道驰名的风景，而对于我来说，则是一个割舍不了的爱好。当你走在鼓浪屿的小街道上，海风轻轻地吹在你的脸上，海风带来的是鼓浪屿上随时可听到的悦耳的钢琴声。厦门的爱乐乐团和郑小瑛本就是全

国著名的乐团和音乐家，同时厦门歌舞剧院的乐团也很不错，厦门的音乐培养很注意普及性，很多音乐会在曲目的选择上会精心选择一些人们耳熟能详的乐曲，这样做对年轻人，特别是孩子们很有益处，孩子们在很小的时候就经常有这种音乐素养方面的培育，也接受音乐文化的熏陶。和其他城市相比，厦门的音乐底蕴和环境十分优越。

我对音乐的特殊爱好就是在厦门培养的。我在北京经常去听音乐会，回厦门也听，刚开始的时候，听流行音乐会多些，慢慢的，随着年龄的增长和阅历的丰富，流行音乐渐渐变成了生活中的背景音乐，同时大量其他类型的音乐开始进入我的视线，直到现在，如果看电视，一个台播放流行音乐，另一个台是交响乐，我一定会选择后者。

也许就是因为有着这种得天独厚的音乐氛围，厦门这座城市所培育出的名人几乎都是在文化艺术领域中崭露头角，音乐家郑小瑛、诗人舒婷和现在风靡全国的易中天，他们都符合厦门这座城市的特质：细腻、流畅、纯净而且风轻云淡。

有一天，可以在厦门老家一座靠海的房子里，陪家人聊天，听女儿弹钢琴——这样的生活一直是我所向往的。

▼ 夜色下的厦门恬静而温馨。图 / 李鸾汉

王唯山

厦门市城市规划设计研究院院长

留住城市发展过程的点滴 文 / 王唯山

如何做到全方位与大海接触，让厦门重新焕发出30年前小渔村的活力，这是我们努力的方向。

那天，问一个在厦门长大的80后，童年里印象最深的地方是哪儿？她似乎毫不犹豫地就回答：海滨公园。很欣慰，那是我多年以前的规划设计。公园坐落在轮渡，休闲、娱乐，似乎样样俱全，煞是热闹。能为大家带来永恒的回忆，我真的很高兴。不过那时人们的活动范围很小，火车站就算是郊区了，海滨公园热闹也是情理之中的事。如果说，30多年来厦门最明显的变化是什么？答案肯定是：人们的生活空间扩大了。

30年过去了，厦门特区从最初的湖里区扩大至全岛，再扩大至今天的全厦门。城市的规划建设逐渐跳出岛内，拓展到岛外，多元化的城市中心数量日益增长。去年，我们推出的城市色彩规划，在市民中引起不小的热议。其实，它不单单是一个色彩的问题，而是与岛内外规划布局息息相关的。譬如说集美，我们就将它定位以红色为主色调，这红色是从嘉庚风格建筑得来的，我们希望集美城市建设在日新月异的同时能保留住自己的传统特色。当然，城市规划不仅需要色彩规划，还需要做到全市的生态系统、城市景观、公园布局、绿化环境等等，提升城市人居环境水平是我们今后的一个重点工作。

如何做到全方位与大海接触，让厦门重新焕发出30年前小渔村的活力，这是我们努力的方向。厦门是一个亲海的城市，湾区的发展对于厦门的城市建设至关重要，无论岛内岛外，

几乎都有带“湾”字头的中心区域，像杏林湾、东屿湾、同安湾、东坑湾等，每一个湾区都能带动一片区域的发展。亲水亲海，这是厦门的传统特色，如果能顺着特色发展，大海将回馈我们更多的惊喜。

城市规划不能单纯往前看，也要适时回顾。城市规划，应该是一种过程的记录，无论城市如何变化，如何发展，都应该能让老厦门，或是新市民感受到厦门原来的淳朴味道，让大家心中留住城市发展过程的点滴……

当然，全部翻新自然容易些，如果想留住回忆就有一些难度，这是我们目前不断遇到的难题。比如大同路，抑或其他老城区，老房子渐渐破败了，居住环境也变差了，“破破烂烂”一定不是大家想看到的城市发展。所以，要做到老而不破，不仅需要保护，也可以改变老房子的功能，让老房子重新焕发活力，成为城市发展规划一隅。

相信，只要我们懂得留住城市发展的点滴，心中保留每一次感动，厦门的城市规划一定会越来越美好的！

曾经的海滨公园和现在的海滨公园都是厦门的重要景区。 图 / 王火炎

洪卜仁

厦门著名文史专家，福建省文史研究员

寻找厦门记忆 文/洪卜仁

雍正、乾隆年间，厦门就已经是福建南部的经济文化中心。

四季如春、碧海环抱的厦门，是中国东南沿海一颗熠熠闪光的明珠，一座饮誉中外的“海上花园”城市。

厦门是个移民城市，其原住民可以追溯到距今三四千年的新石器时代晚期。汉族人进入厦门，则是在公元八世纪的唐朝中叶。

厦门濒临台湾海峡，面对大、小金门两岛，与台湾和澎湖列岛隔海相望。由于厦门独特的地理位置，这里最先凸显的是军事港口的优势，宋朝时岛上就有驻军。明末清初，这里是郑成功抗清复明、驱荷复台的基地。

厦门真正体现出经济价值是16世纪的事情——在此之前，厦门完全是个半渔半农的乡村。地理大发现之后，西方人来到厦门，葡萄牙、西班牙、荷兰、英国都曾来这里进行贸易。厦门，这时才为更多人关注。由于厦门港口自然条件好，明朝末年，厦门在担当军事港口的同时也成为闽南地区最重要的对外贸易口岸。中国最早出口的“茶叶”也是从厦门输出的，即使是今天，茶在英语、德语、法语中都是以厦门口音“dei”为基础生发成的“tea”。厦门也成为华侨进出国境的口岸。另一方面，内陆很多人（尤其是闽南周边的人），通过厦门进入台湾和南洋各埠头，使厦门成为台湾同胞和侨胞的主要祖籍地。

直到清末民初，厦门实际上还只是一个市镇，繁华地带只在今水仙路、晨光路一小段，当时叫做寮仔后；商业区大商铺在今天镇邦路到大同路、横竹路口这一段，当时叫做“港仔口”。火烧街当时也属比较热闹的地带，但在清末烧毁。其他地方与农村没有什么两样。

到1920年，为了适应社会经济的发展，厦门各界人士建立民间团体市政会，筹划改造旧城区和开发新市区事宜。

开元路是厦门近代第一条马路，1926年建成，全长700米，路面仿英国“麦加顿”式，

▼ 20 世纪 70 年代的厦鼓海峡。 供图 / 洪卜仁

▼ 厦门曾经是小渔岛。 供图 / 洪卜仁

两旁为带骑楼的商住楼房。

1926－1933 年，厦门进行了大规模的城市建设和改造，先后修建了开元路、大同路、中山路、思明南路等大小道路 90 多条，总长 40 公里，形成了近代厦门市区道路网络和商业区统一的列柱式骑楼建筑风格，市容市貌焕然一新。市区面积比原来约扩大一倍。

城市马路建设和房地产开发，主要资金来自东南亚的华侨，华侨资金占当时城市建设总投资的 80% 左右。最大投资商当属菲律宾华侨李昭北、李清泉父子，另外，印尼归侨黄奕住和侨商黄超群、黄超龙兄弟，也是大投资户。

自 1931 年以后，因日本发动“9·18”、“12·8”侵华战争和 1929－1933 年世界经济危机的影响，城市建设陷于停顿。

抗战胜利后，海外华侨计划开发今天的美头山一带，因国内政治经济形势恶化，也未取得大的成果。旧厦门市政府也想改造厦禾路，增加一些房屋建筑，曾在 1947 年发行了一期“房产奖券”，只在今斗西路口建了一栋房子。

自宋朝到清朝，厦门都隶属同安县。但是很奇怪，这个岛的行政建制是超越同安县的，比如兴化府、泉州府、永春州都属设在厦门的“兴泉永兵备道”管辖，而同安仅派了一个九品芝麻小官来厦门处理民事。雍正、乾隆年间，厦门就已经是福建南部的经济文化中心。

民国元年，建立思明县。当时思明县包括厦门和金门。1915 年，金门又从厦门分出去单独设县。1935 年 4 月 1 日，厦门建市，竟比福州早了 11 年——因为当时的国民政府行政院对建市有两个条件：人口数量和税收额度，所以省会福州到 1946 年才建市。

1949 年 10 月 1 日，中华人民共和国成立。10 月 17 日，厦门解放，成立厦门市人民政府，属省直辖。1950 年，厦门全市人口 26 万多人，工农业总产值 2.643 万多元，城市建成区面积 8.36 平方公里。1953 年 11 月 3 日，原属同安县的集美成立镇政府，划归厦门市管辖。厦门市的辖境开始向岛外延伸。其后，同安县再次划出灌口、东孚两个乡镇归厦门市，厦门市行政区域不断扩展。1958 年 10 月，原海澄县（今属龙海市）的海沧区 3 个乡划给厦门市，并入厦门市郊区。与此同时，同安县从晋江专区改隶厦门市。1970 年 7 月，改同安县属晋江专区。1973 年 6 月，同安县重新划归厦门市。

厦门解放后，有将近 30 年间处于海峡两

厦门的中山公园是改革开放前的市中心。 图 / 王火炎

岸军事对峙的前线，港口被封锁，炮击时断时续，社会经济发展深受制约。在中共厦门市委的直接带领下，厦门人民艰苦奋斗，克服困难，相继新建和改建了一批轻工、化工企业，兴建了一些基础设施，特别是建成了高集、杏集两条海堤和鹰厦铁路，初步改变了厦门工业落后的面貌。1970年的填海造地，变筼筜港为筼筜湖，增加了一大片土地。

中共中央十一届三中全会后拨乱反正，改革开放的春风吹拂神州大地。1980 年 10 月，国务院批准在厦门岛上西北部的湖里划出 2.5 平方公里设立厦门经济特区。

1984 年 2 月 7 ~ 10 日，邓小平同志视察厦门，泼墨挥毫写下“把经济特区办得更快些更好些”的题词。6 月 29 日，国务院决定厦门经济特区范围扩大到厦门全岛（含鼓浪屿及附近小岛），面积 131 平方公里，使厦门形成全方位、多层次的对外开放格局。1988 年 4 月，国务院批准厦门为计划单列市，继而海沧、杏林和集美先后辟为台商投资区。1994 年 2 月，中央编制委员会批准厦门市的行政级别升格为副省级。同年 3 月 22 日，全国人民代表大会通过决议，授予厦门立法权。近几年来，厦门市先后荣获“国家卫生城市”、“国家园林城市”、“国家环境保护示范城市”、“中国优秀旅游城市”、“全国十佳人居城市”、“国际花园城市”等称号。

2003 年 4 月 26 日，国务院批复同意调整厦门市部分行政区划。撤销鼓浪屿区和开元区，其行政区域划归思明区。杏林区更名为海沧区，增设翔安区。行政区划调整后，厦门市辖思明、湖里、集美、海沧、同安和翔安 6 个区。不久前，厦门经济特区范围扩大至全市。中国东南海上的这颗明珠，将更加璀璨夺目。

▼ 江曙曜

厦门日报社副总编辑、厦门华亿传媒有限公司董事长

再回鼓浪屿 文 / 江曙曜

渡轮发船的铃声响了，绿色的海风把马达声扯得很柔很柔。风台近了，推开临海的窗，归帆阵阵，渔火点点，透过晃岩寺的翘角飞檐，升旗山脚有炊烟升起，靠岸避风的渔民喝酒吆喝隐约入耳。

一生的爱都给你，你说够不够？

鼓——浪——屿。每当听到有人念叨你的名字，总引起我一阵牵肠挂肚般的思念。

搬离这座小岛已经 10 个年头了，可是想念总是裹在夜里悄悄来拜访，梦境里的鼓浪屿总是那样的清晰明亮，就像一座粲然的星座耀眼得第二天早晨醒来后还是不能忘怀。

我在鼓浪屿出生，我在鼓浪屿读书，我在鼓浪屿成长。美华海边的浪朵喧闹着我少年的梦想，笔架山麓的相思树飘绕着我琅琅读书声，坡中那栋两层小楼房是我对家最初的概念，在与同学一次次徒手攀登日光岩“古避暑洞”前那片陡峭的石坡中，我体会了冒险的乐趣，感受了勇敢的骄傲，成长了男子汉的心智……

最难忘的是高考前每天清晨在日光岩上的早读。朝阳跃出海平面，东方燃烧着绯红的霞光，一片辉煌掠过五老峰锦缎般洒落在岛上那包含露水正打着花骨朵儿的台湾相思树枝梢上，吹拂的晨风也似乎变得有色彩起来，一种博大的美就这样充溢我的心头。

鼓浪屿，崭新的一天呈现的是一份活力，一份跃动，一份甜润，一份美好。

现在想来，那时候总觉得鼓浪屿的天空特别的高远，总觉得鼓浪屿的风特别的清爽，当你攀站到郑成功水操台故垒，看着飒飒的海风顺着台湾海峡，沿着鹭江水道浩浩荡荡地涌流，你就会意识到是太平洋鼓足劲的风撑足了小岛的天，湿润了小岛的风……

生活在鼓浪屿总能比别人更多感受海洋文化的博大深远，夏日有海风吹拂，那是一种什么样的快意？早晨是被鸟鸣唤醒的，那是一种什么样的写意？在物欲潮流不断渗透我们生活

的时代，我们能不能倾听内心最朴素的需要？在情色急速丰富主导我们视点的社会，我们能不能坚持独具品位的美学观点？是鼓浪屿给了我一种向上求好的全新的时尚生活方式，时至今日一直影响着我的做人做事的做派。

鹭鸟掠过退潮的浪线，下班回家的路上有夕阳的浪漫身影相随，蜿蜒的海岸漫上红树林的波浪跳跃着岛上人家钢琴的音符。黄昏的鼓浪屿有太多太多的诗意，心在飞扬，海在唱和，赤足走在软软的沙滩，听着邻家孩子的妈妈喊着孩子吃饭，望着对岸“鹭江外滩”的霓虹亮起，霎时潮水般涌动起想家的感觉，生活在召唤……

渡轮发船的铃声响了，绿色的海风把马达声扯得很柔很柔。风台近了，推开临海的窗，归帆阵阵，渔火点点，透过晃岩寺的翘角飞檐，升旗山脚有炊烟升起，靠岸避风的渔民喝酒吆喝隐约入耳。古老与现代相融，自然与文化并存，鼓浪屿成长在饱受中西人文景观环境的烘托下，这里是中国海洋贸易之路的一个重点起航港头，闽南文化根基深厚，华侨文化独树一帜。居住在鼓浪屿洋房的人们聆听传统的节奏，都滋生浓厚的人本愉悦气息。关爱宽容，“第三种生活”的真谛，在鼓浪屿夏日的阳光下耀眼夺目。

对鼓浪屿的热爱与生俱来，对鼓浪屿的眷恋与日俱增。何日重返这座小岛再为岛民，突然想起齐秦的歌：“不是在此时，不知在何时”，我想应该会在建发房产在鼓浪屿开发建设房地产的那个时候吧。

夜晚的鼓浪屿有太多太多的诗意。 图 / 王旭晖

生柳荣

建行厦门分行副行长

厦门之路 文 / 生柳荣

厦门之路的变化带动了厦门经济的变化和厦门人生活的变化。厦门之路的变化见证了厦门特区建设的变迁。厦门之路，难忘之路；厦门之路，希望之路。

1982 年，16 周岁的我第一次出远门就来到千里之外的厦门大学读书。从上海到厦门的火车穿山过桥走了 38 小时才到达厦门，那时火车的机车是烧煤的蒸汽机，下了火车的我满脸满身都是煤灰，就像刚升井的煤矿工，长期在平原生活的我感觉从外省通往厦门的路是如此的漫长和艰辛。

从厦门火车站坐上 1 路公交车经过狭窄拥挤的厦禾路再翻过厦港附近的小山坡终于来到南方之强——厦门大学。办完入学手续，在老乡的带领下乘上 2 路公交车来到轮渡，一个晚上的时间就逛完了厦门的市区，老乡告诉我厦门的市区共 3 路车（其中两路通厦大另一路为轮渡到火车站）、两条街（中山路和思明路），来自乡下的我感觉厦门市区的路稀少而狭窄，甚至不如老家的县城。1982 年厦门已是经济特区，但特区面积只有 1.41 平方公里，即便步行也无需 20 分钟即可走完特区之路。

此后，在厦门大学的学习生活，让我体会和了解到更多神秘而不同的厦门之路。在厦大校园内有充满田园风光的乡间小路，我住宿的芙蓉楼前是一片地瓜地，楼后是城中村——东边社；晚上穿过地瓜地到教学楼囊萤楼自修，8 点多耳边便传来金门岛高音喇叭的声音：“共军兄弟投奔自由吧……”那时厦门金门虽近在咫尺，但两门之间的路完全堵绝且充满敌意。周末班级组织活动到厦门海边的黄厝玩，出白城校门便见到解放军和民兵站岗，查验完通行证后，我们的自行车队便顺着颠簸不平的沙石路向黄厝进发，沿途的海边都是战壕，其间分布不少炮兵和机枪阵地，我们才知道出校门通往海边的路不仅尘土飞扬而且神秘紧张。又一日，几位同学结伴去集美学村游玩，通过长长的海堤时，一位本地同学告诉我它是当时厦门通往大陆的唯一陆上通道，是厦门人民担挑肩扛、移山填海修成的，有了它，厦门从全岛变成了半岛。

而后，随着厦门道路的迅速扩充，厦门

厦门之路的变化见证了厦门特区建设的变迁。 图 / 李鸾汉

"长大"了，厦门通往外省的路四通八达，从上海到厦门的高铁只需 7 个小时，其舒适程度堪比飞机，而正在建设中的龙厦铁路和厦深铁路也使厦门通往江西和广东的时间大大缩短；1982 年厦门还没有机场，今天厦门空港开通了国内 130 条航线，国际航线也多达 40 条。从火车站到厦大仍然坐 1 路公交车，但沿途风景大不相同，宽敞的厦禾路两侧高楼林立，横卧其上的 BRT 贯穿岛内外，使岛内外的交通时间大大缩短。如今厦门市区的公交线路已多达 202 条，连接岛内外的 BRT 更是让厦门市民体会了快速公交的便利。在厦大校园内，当年的地瓜地已变成美丽的芙蓉湖，厦大校园也成为国内最美丽的高校校园。当年从厦大出发沿海的沙石路已变成美丽的观光道，更被称为全世界最美的马拉松赛道。今年厦门特区又扩大到全市，从 1982 年的 2.5 平方公里扩大到现在的 1565 平方公里，如今连接岛内外的通道已变成四桥一隧，当年连接岛内外唯一的通道一高集海堤已完成历史使命，今后将成为厦门的历史教育基地。与此同时，当年完全阻隔的厦门与金门之路、厦门与台湾之路也已斗转星移，如今厦门与金门的轮渡班次每天多达 36 趟，2010 年上半年通过厦金航线进出境的两岸游客多达 66 万人次，而两岸的三通也早已实现，如今厦门空港通往台湾的航班每周多达 27 趟，随着 ECFA 的签订，两岸的贸易往来之路和人员互访之路将越来越宽广。

2010 年，年过不惑的我在厦门学习、工作、生活了近 30 年，其间见证了厦门城市建设的巨大变迁，厦门之路也发生了翻天覆地的变化。厦门之路的变化带动了厦门经济的变化和厦门人生活的变化。厦门之路的变化见证了厦门特区建设的变迁。厦门之路，难忘之路；厦门之路，希望之路。

▼ 演武大桥似玉带装点鹭江道。 图 / 梁伟

彭一万

原厦门市旅游局副局长、原厦门市文化局局长，现任福建省旅游学会副会长、厦门市闽南文化研究会会长、厦门市教育基金会理事长

厦门 美不胜收的海上桥城 文/彭一万

历史是奔腾的长河，桥梁是凝固的乐章。大桥成为厦门城市的地标、诗眼、点睛之笔，也成为厦门人民不断进取的丰碑。

宛若竖琴的五缘湾大桥奏响音乐之岛的夜曲。 图/李鸾汉

前些日子，我重游了几座江南名城：宁波、杭州、苏州、南通、镇江、扬州、南京，然后到九省通衢武汉。其间，参观了几十座大桥，包括著名的东海大桥、杭州湾大桥、苏通大桥、润扬大桥及其他多座长江大桥；也参观了不少园林小桥。联想到香港、澳门的桥梁、隧道，我忽然感悟到：杭州是湖上桥城，苏州是园林桥城，武汉是江上桥城（南京、广州、福州、九江、兰州、重庆、天津、哈尔滨、长沙、南宁、柳州、丹东等市也可以在江上桥城一较高低，但在宏伟、密度、景观、美学、创意上恐怕略输武汉一筹；泉州、漳州也有一些著名的古桥，

穿越大海的集美大桥。 图 / 李鸾汉

但现代化的大桥则少了一些）。中国有两座海岛城市，即香港与厦门。香港以海底隧道把香港岛与九龙联系在一起，在维多利亚港看不到桥梁的身影。澳门有 3 座海桥，将半岛市区与离岛（机场等）联系在一起，具有交通和景观功能，经济功能则稍逊，而且数量不及厦门。

厦门呢？啊，一座美不胜收的海上桥城！

60 年以前，厦门确实是一座海外孤岛。清代康熙年间厦门诗人张对墀在《鹭门观海》诗中写道：

康回凭怒折地维，精卫木石无所施。

茫茫大地汇为水，至今东南名天池。

诗中的“康回”即共工，他与颛顼争当帝王，失败了，一气之下，以头怒触不周山，于是，山崩地裂，东南部变为大海，就是精卫常含木石填塞，也永远填不满天池。厦门岛，就孤悬在这个“天池”之中！

为实业建国计，孙中山先生曾于民初计划从澳头到五通建造“福昌桥”（大约在今天的翔安隧道处）；华侨领袖陈嘉庚、陈延谦先生早年也曾建议从集美建桥以达高崎（大约在今天的厦门大桥处）。不论他们的眼光多么远大，雄心多么勃兴，考虑多么周到，可是在那兵荒马乱、民不聊生的年代，一项项顿成泡影。我们积聚了多年的梦想和愿望，猴年马月得以实现？

解放了，望海兴叹的时代、精卫木石无所施的日子，一去不复返了。1955 年 9 月，厦门建成了中国第一座海峡长堤——高集海堤（我把海堤也看成桥），创造了移山填海的奇迹！“岛今成半岛，宏伟见人工。”（郭沫若）“喜

见列车衣带过，满装春意上燕都。”（赵朴初）。真羡煞当年的精卫鸟！

1991 年 5 月，厦门建成了中国第一座海峡大桥——厦门大桥。

1999 年 12 月，厦门建造了亚洲第一座、世界第二座特大型三跨连续全漂浮钢箱梁悬索桥——海沧大桥。

2003 年 9 月，中国距离海平面最近的跨海大桥——演武大桥通车了。

2004 年 7 月起，诗情画意的五缘湾五桥——月圆大桥、天圆大桥、人圆大桥、地圆大桥、日圆大桥，一座座露出芳容，相继精彩亮相，姿色各异，绚丽夺目：月圆呈白色，天圆、地圆呈淡蓝色，人圆呈黄色，日圆呈红色。

2009 年 7 月，厦门建成了中国第一座桥隧结合的跨海大桥——集美大桥，将厦门国际机场与厦门火车北站连接起来。在厦门投资的台商诗人许政郎赋诗道：“忆西湖，哪能不忆苏堤？游鹭岛，岂能错过集美大桥！”

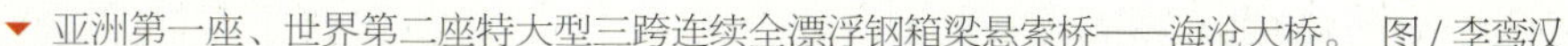
亚洲第一座、世界第二座特大型三跨连续全漂浮钢箱梁悬索桥——海沧大桥。 图 / 李鸾汉

2009 年 9 月，公铁两用的杏林大桥建成，公铁互通立交共有 5 层 。公路桥纵向线型采用了双驼峰设计，最高的驼峰处建造了 200 米长的观景平台。

2008 年 11 月，厦漳跨海大桥开建，这是福建省第一座城际跨海大桥。

将来还会有东西第二通道大桥、厦金大桥、岛南隧道……

这些桥，展现了改天换地的壮举！被大海分隔的海岛、大陆，从此紧密地携起手来。城市的各个部位，因而亲密无间。在共产党的领导下，我们圆了民主革命先行者、华侨领袖们和广大人民的百年修桥梦，并且大大超质超量地实现了前人的理想！张对墀、孙中山、陈嘉庚、陈延谦先生们九泉有知，也一定会感到莫

大的欣慰。

国家领导人江泽民为“厦门大桥”、“海沧大桥”、“集美大桥”、“杏林大桥”、“五缘大桥”题写了桥名。一位国家主要领导人为一座城市的五座大桥题名，还亲自为厦门大桥通车剪彩，实属罕见。其意义之深远，不言而喻。

2005 年 9 月开建，2010 年 4 月 26 日通车的中国第一条海底隧道——翔安隧道，则谱写了深海筑路的史诗！

我是厦门桥梁建设、发展的见证者。短短几十年的建堤、建桥、建隧历程，是时代进步、经济发展、城市变迁的缩影。

她更新了厦门的城市形态，从根本上形成了厦门新一代的城市结构，开创了厦门新的城市理念及战略布局，从海岛型变成海湾型，产生了扩张效应和集聚效应。

她改变了厦门的交通格局，拓展了厦门的交通与公共空间，不断推进，向外延伸，把城市各个角落前所未有地联系起来，大大提升了运行效率，使厦门从交通端点变成交通枢纽，全方位，多层次，立体化。

她促进了厦门的经济发展，产生了“桥梁经济”效应，增强了本岛的辐射性和岛内外的互动性和一体化，各种价值迅即飙升，出现了

厦门的桥拓展了厦门人的心胸与视野。 图 / 李鸾汉

新的产业空间，形成新的产业价值链，高品位、高速度、高效益的经济圈也应运而生。

她丰富了厦门的旅游资源，形成景观中的亮点，成为最耐看、最值得品味的艺术品，精妙的设计理念，鲜明的主题风格，清新的创意手法，让“城建海上，海藏城中，城景相依，山海交融”的特色更为突显，海上桥城绰约动人，真的是百样仙姿，千般奇景，万种柔情！

她提高了厦门的城市价值，群桥飞架，城市随之跨越，一座座大桥，如同一部部城市繁荣的推进器，竖起从边陲小城通往“海西中心城市”的新地标，迎接通往区域经济一体化、经济全球化的新世纪，厦门因海而生，得海而成，跨海而活，御海而昌。

她拓展了厦门人的心胸与视野，人们似乎从大桥身上，找到了“现代化”的直观感觉，因而从小城春秋、孤城独岛、小岛意识，转型为都会结构、城市集群、包容心态，敢于跳出厦门看厦门，从全省、全国、全球的大视野来审视厦门，一座城市孤立发展的历史从此画上了句号。树立了大思路、大志向、大眼光，具备了开创性、兼容性、创意性，我们的心中，架起了飞虹，迈向更加广阔的天地……海纳百川、敢为人先的城市性格，优雅温馨、永不止步的城市气质，得到了充分的体现。

桥与路，使厦门波澜壮阔，气壮山河！人流、物流、信息流、资金流、教育流、科技流、文化流，在桥上奔腾，汇聚到厦门这座海上花园、温馨家园、创业乐园！

厦门的桥，已经超越交通功能，成为景观，成为艺术，成为文化，成为科学，成为厦门的“精髓”。她让我们的城市文明在科技创新、文化创意的两端，找到了平衡点。她成为多维的网状要素，把城市空间进行全面的再组织、再梳理，让城市通过调整而焕发青春。

历史是奔腾的长河，桥梁是凝固的乐章。大桥成为厦门城市的地标、诗眼、点睛之笔，也成为厦门人民不断进取的丰碑。桥给人们带来时代感、新鲜感、艺术感、梦幻感，构筑一条通往心灵的纽带。

实桥联系着两片土地，心桥沟通着两个灵魂。爱情、友情、亲情、乡情、人情……各种复杂细腻的感受，构成了人际的桥梁。厦门人民的心桥，联系着台湾同胞、海外侨胞。当年“唐山过台湾”、“唐山下南洋”，大部分人从厦门港扬帆起航。如今，他们唱着《咱的祖家在唐山》的歌曲，回到了祖地，看到一座座雄伟壮丽的海桥，展示着沧海桑田、地覆天翻的惊人变化，岂不感慨万千，欣喜万分！

如今，厦门共有300多座桥梁，100来座是20世纪50年代以前的产物，200多座是解放后尤其是改革开放后的作品。一座座桥梁，使城市更耐人品读。每一座桥，都有她的身世、故事和风韵，甚至有碑文、题词、诗歌、楹联、绘画、摄影、雕塑、书法作品相伴随，因而有丰富的“桥梁文化”意蕴。让我们来共同开发和包装，形成一条“厦门桥梁文化”旅游线。用直升飞机把客人载到空中俯瞰，厦门岛如同一头巨大的章鱼，带子飘逸，白天，银蛇狂舞；夜晚，金龙腾飞。驱车从地面平视，大桥柔美的曲线蜿蜒起伏，与海岸线融为一体，亲水揽景，处处可以赋诗，景景可以入画。乘船从海上远观，大桥熏沐着天风海涛，无数汽车飞驰而过，大桥有了灵性，有了气韵，有了生命，形飞色舞的诗之岛、画之岛、梦幻之岛跃入眼帘……

啊，我走过了无数的城市、村庄，我就更热爱我的家乡——厦门，一座美不胜收的海上桥城！

▼ 纵横交错的桥梁串联城市音符。 图 / 李鸾汉

曾若虹

原厦门艺术学校校长、原厦门小白鹭民间舞团团长

小白鹭　厦门的光荣与梦想 文 / 曾若虹

1993 年 10 月 5 日，中国第一个专业民间舞团——厦门小白鹭民间舞团在厦门特区诞生，年轻的“小白鹭”凌空展翅，开始了新一轮的奋飞。

小白鹭经常在中央电视台展演，享誉海内外。　图 / 林世泽

图 / 林世泽

“小白鹭”是厦门的一张城市名片，“小白鹭”的诞生与成长，犹如厦门特区文化发展的一道闪光的轨迹，凝聚着厦门的光荣与梦想。

1986 年 10 月，为了实现振兴厦门舞蹈的梦想，我申请由厦门歌舞剧团团长调至福建艺校厦门戏曲班（厦门艺术学校前身），与北京舞蹈学院合作创办北京舞蹈学院中国民间舞专业厦门试验班。其时校址在先锋营 1 号，校舍简陋破旧，资金匮乏，北京舞蹈学院李正一、吕艺生两任院长、潘志涛、张敦意、朱清渊、许淑瑛、明文军、刑多里、朱向青、刑建中等一批专家和教师来到厦门制定教学大纲与执教。当年从全省各地招来 26 名学生，首位班主任，就是现任北京舞蹈学院副院长的明文军教授。开学时，学校没有录放机，我从家里搬来一台“8080”型号的录放机；学校没有练功厅，就临时借用歌仔戏剧团三楼的砖地板会议室练功。一天晚上，师生在砖地上联欢表演节目，北京舞蹈学院中国民间舞系的主任潘志涛教授若有所思地对我说：“别看这群孩子现在不起眼，他（她）们是厦门舞蹈未来的希望。”

两年后，厦门班进入北京舞院，在中国最高舞蹈学府进行长达 5 年的专业训练，包括贾作光、张均、潘志涛、张继纲、房进激等著名舞蹈家在内的 150 位老师先后为该班执教、排练。1993 年 7 月，厦门班在首都中国剧院举行两场毕业公演，在舞蹈界引起轰动，众多媒体与专家兴奋地评价厦门特区与北京舞院“高位嫁接”的成果是：厦门试验班的成功，不仅为厦门特区培养出一批达到国家级表演水平的舞蹈人才，同时也改革了中国民间舞的教统教材和教学方法，为国家培养出首批“学院派”中国民间舞蹈高水平人才。

厦门班毕业之后，能否存活与发展，成为舆论关注的焦点。因为先前北京舞蹈学院不少定向委培班，毕业回团不久就“夭折”了。1993年秋，当我专程往北京舞院接回厦门班毕业生时，吕艺生院长凝重地对我说，在经济大潮的冲击下，与厦门班同期毕业的贵州班回去不到两个月就“散摊”了，“你们要杀开一条血路！能坚持一年就不错，坚持两年就是胜利……”言语间充满苍凉和悲壮。

幸运的是，厦门的父老乡亲关爱“小白鹭”，厦门市委市政府听取舞蹈界专家的建议，决定由厦门班毕业生组建与国际接轨的专业民间舞团。1993年10月5日，中国第一个专业民间舞团——厦门小白鹭民间舞团在厦门特区诞生，年轻的“小白鹭”凌空展翅，开始了新一轮的奋飞。

“小白鹭”一方面与厦门艺校坚持“团校结合”全新体制的探索实践，一方面坚定弘扬中华民族文化，创新发展具有民族和区域特色，又符合现代审美追求的中国民间舞表演风格，17年来，28次出访五大洲，在中央及省级以

图 / 林世泽

图 / 林世泽

图 / 林世泽

上比赛中获奖 100 多项，并经常在中央电视台展演，享誉海内外。

1999 年 6 月 20 日，胡锦涛同志视察厦门，当晚观看了“小白鹭”的专场舞蹈晚会。演出结束后，当省、市领导把我介绍给胡主席时，我汇报说：“胡主席，厦门特区与北京舞蹈学院合作办学培养出第一代小白鹭，回来后组建我国第一个专业民间舞团，我们依托‘校团结合’的创新体制，至今已经培养出四代小小白鹭。我们当初办校办团的方略是立足特区，着眼闽台，面向东南亚，现在已经实现中国民间舞走向世界的梦想！”胡主席听后高兴地连声说：“好！小白鹭是中国民族艺术之花！”那一刻，一股幸福的暖流涌上心头。此情此景，终生难忘！

2001 年 7 月，厦门小白鹭民间舞团作为我国唯一的演出团受国家委派，赴莫斯科为中华民族百年圆梦——北京申奥成功助威演出做出突出贡献，荣膺表彰。

2004 年，厦门媒体与数百万观众投票评选厦门“十大城市名片”，厦门小白鹭民间舞团光荣上榜。颁奖晚会上，主持人宣布“小白鹭”的上榜理由是——世界因她而认识厦门，厦门因她而享誉世界。

时光荏苒，“小白鹭”的孕育、成长已经 25 年了，小白鹭民间舞团的创建与发展，倾注了各级领导、社会公众的关心、支持，也饱含中国几代舞蹈家的心血与期盼。改革开放之年，“小白鹭”已谱写出华夏舞蹈史册中属于厦门特区那辉煌的一页。

然而“小白鹭”任重道远，她不仅属于厦门，她属于中国，属于世界。愿小白鹭永远高飞！

▼ 郑小瑛

中国著名指挥家，厦门爱乐乐团艺术总监、首席指挥

阳春白雪 和者日众 文/郑小瑛

2006年，我们被厦门市民评为“烫金的城市名片”，在别人眼中，这或许只是小事情，但我们满心欢喜又小心翼翼。当一个普通百姓对我们说，“厦门不能没有爱乐”，我们怎么能不为之而动容呢？

11年前，我从北京移居到厦门，在一些不解和质疑乐团存在必要性的杂音里，我和爱乐乐团奏响了第一个乐章，那天是1998年9月9日，是厦门爱乐乐团的生日。一帮来自五湖四海的音乐热爱者，跟着我，跨过艰难，走过低谷，在交响音乐的处女地上一步一把汗水，耕耘，发芽，开花，结果。

我初来厦门之时心怀做音乐季的梦想，想着一定要有计划地推出交响乐的演出。于是从1999年4月起，我过上了“苦行僧”的日子，坚持每天5小时排练岿然不动；坚持每周举行中外经典音乐会；坚持推行有定期演出预告的音乐季；坚持免费为中小学生普及音乐教育；坚持巡回演出走南闯北，打响厦门交响乐这块品牌；坚持推动中国交响乐事业。每个周末都办交响音乐会——这对当时的我们来说负担很重。选择这条路，只为能让观众方便地走进音乐厅，让大家留下每周五晚都可以到爱乐乐团欣赏音乐的印象。

一场优质的音乐会，除了交响曲，还应该有协奏曲、歌唱等。为了充分汲取国外优质元素、与国际接轨，爱乐乐团从一开始就邀请外地、外国的著名音乐家。按商演的费用，当时的我们是无法承受的。早在广州之时，我做过调查，结果让我震惊：在外请费用上一年要花费几百万元。没有经费怎么办？最后只能寄望

厦门爱乐乐团坚持每天5小时排练岿然不动。 图/郑晓东

于厦门音乐和我们爱乐乐团的名声，期待会有杰出音乐家不计较报酬地来帮助我们。事实上，但凡是来厦门拜访我们的，都称得上是德艺双馨的艺术家，甚至有时一场音乐会就能汇聚多位特邀音乐家，如果对报酬斤斤计较，他们就不会来了。

而今，厦门这座美丽温馨的城市，以其独特的魅力吸引着各方各界的客人，越来越多的人因她而着迷，千方百计要来厦门发展。虽然每天为音乐前来的访者让我们应接不暇，但为了进行音乐的交流，我们倍感充实。

历经10年的拼搏与努力，厦门音乐的知名度大了，爱乐乐团声名鹊起。越来越多的音乐家主动来访，希望能与爱乐合作。爱乐乐团开启第十二音乐季时，已和350多位客席音乐家有过合作，在法、德、奥、意、日，中国香港、台湾和内地的40多个城市巡回演出，带来古今中外共180多套不同经典交响曲目，800场音乐会。每周五厦门爱乐定期举行的周末交响音乐会已火热到“一票难求”的程度。我们的演出厅共 260 个座位，却有 400 个人在门外排队等候。作为厦门本土的交响乐团，我们深感自豪和欣慰。

爱乐乐团和厦门一起成长，虽然起初很多人认为交响乐是小众的高雅音乐，而今阳春白雪，和者日众。2006 年，我们被厦门市民评为“烫金的城市名片”，在别人眼中，这或许只是小事情，但我们满心欢喜又小心翼翼。当一个普通百姓对我们说，“厦门不能没有爱乐”，我们怎么能不为之而动容呢？

我们没有漂亮的音乐厅，却仍旧为促进厦门音乐的发展而倾心追求努力着。音乐浓缩了厦门人的精神，厦门人就有了神韵；音乐牵动了厦门人的情感，厦门人就变得高尚。

聆听厦门爱乐乐团的精彩演出，感受郑小瑛和她的爱乐乐团的魅力。 图 / 林世泽

▼ 车尚轮

厦门航空总经理

白鹭翔梦蓝天 文/车尚轮

厦航一定要以“等不起”的紧迫感、“慢不得”的危机感、“坐不住”的责任感，借此契机充分发挥自身品牌优势、资源优势，打好海西品牌，造福地方经济，为海西建设先行先试做出特殊贡献。

厦门关于飞翔的理想，终于在1985年破壳初啼。改革开放孕育海西沃土，锐意进取造就厦门航空。厦门航空成立至今已经二十六年，在历届班子的领导下，“一定要飞出去”成为厦门航空的信念。经历了从无到有，从小到大，从弱到强，逐步发展壮大的光辉历程，厦航已经成为中国民航中等规模、品牌优良、极富竞争力的现代民用航空运输企业，是中国国内唯一一家连续23年盈利的航空公司，到今年10月，厦航累积旅客运输量将突破1亿人次，已经成为中国具有实力和影响力的航空公司。

作为中国大陆首家按企业化运作的航空公司，厦航取得这些成绩来之不易，究其缘由，主要是具备“九大优势”，即体制机制好、股东和政府支持力度大、领导班子强、战略定位准、市场营销能力强、财务管理精、风险防范严、人员机构简、创新步伐快。厦航的发展是改革开放的一个缩影，是海西经济建设的一个真实写照。厦航自1984年成立以来，坚持脚踏实地、锐意进取，坚持稳健经营、精细管理，在不断总结经验、巩固优势、补足短板的探索中，实现从“规范管理”到“精细管理”的提升，形成独具厦航特色的企业文化和竞争优势。未来几年，作为唯一总部位于海西的航空企业，伴随海西建设的新浪潮，厦航将科学谋划，争创新优势，充分发挥厦门航空在福建航空运输发展中的主体作用，顺势而为促进厦航的创新、转型和跨越式发展，成为加快福建发展和海西

建设的强劲动力。

作为一家根植福建八闽大地的企业，厦航始终牢记服务两岸的使命和初衷。在整个两岸直航的历史进程中，从两岸首航、周末包机、平日包机、定期航班到常态航班，厦航借助特殊的区位优势，积极参与、大力推动，发挥了主力军和先行者的作用，有力促进了两岸经贸往来，不断为两岸同胞谋福祉，为两岸创双赢。厦航是大陆第一家与台湾中华、复兴、长荣、远东等航空公司交流合作的航空公司，上世纪90年代就实现与台湾航空公司航班在香港、澳门对接，中转至台北、高雄，实现“一票到底”服务；2005年，厦航首次执飞两岸春节包机；2008年12月15日，正式成立台湾办事处，成

▼ 厦航在大海上和天空中与世界的来来往往，飞向世界的各个角落。 图 / 王火炎

为第一家在台湾设立办事处的大陆航空公司；2009 年 1 月 6 日，厦航正式成立台湾分公司，为服务两岸打下更为坚实的基础。如今，厦航两岸航班客座率比平均客座率高出 13 个百分点，特别是福州和厦门航点高居第一和第二位。厦航在两岸直航航班中树立了优质服务品牌，全程闽南语服务、闽台特色机上餐食、“铁观音”乌龙茶赢得广大台胞的肯定，被台湾民众评为最喜欢的大陆航空公司，厦航的两岸航班成为往来海峡两岸的知名品牌。

两岸交流的重点在闽台，热点在闽台。直航强，则闽台兴。闽台兴，则两岸共赢，民众受益。厦航服务两岸的成绩已经有目共睹。在第二届海峡论坛·两岸航空运输发展圆桌会议

▼厦航把爱心与温暖带上蓝天。

上，厦航获添 18 个定期航班，使得每周执行的两岸航班由原来的 11 班增至 29 班。厦航特别推出“海峡一票通”等一系列中转便捷行服务产品，希望更好地服务于两岸民众，希望搭建起福建往来两岸的便捷通道。当前厦航还正积极谋划，协同台湾的航空公司，争取尽快构建海峡两岸城际空中快线，争取实现厦门、福州往返台北每小时一班；厦门、福州往返台中、高雄早中晚均有航班；厦门、福州往返花莲、马公每天有航班，真正使闽台“一日生活圈”的理想成为现实。

目前，厦航正处于谋变求新的转型期和继往开来的发展期。国务院《关于支持福建省加快建设海峡西岸经济区的若干意见》，对厦航是一个前所未有的发展契机，让我们迫切感到服务海西建设、服务两岸的重要性和紧迫性。“新的起点上加快推进海峡西岸经济区建设，需要民航事业的重要贡献，厦航要在福建民航运输发展中发挥主力军的作用。”中共福建省委书记孙春兰的勉励更令厦航人热血沸腾。厦航一定要以“等不起”的紧迫感、“慢不得”的危机感、“坐不住”的责任感，借此契机充分发挥自身品牌优势、资源优势，打好海西品牌，造福地方经济，为海西建设先行先试作出特殊贡献。厦航要努力争取对台航班资源配置，合理规划厦门、福州基地航班时刻布局，构建对台航线航班波，将厦门、福州打造成内地往来台湾，及经台湾往来东南亚、东北亚和欧美的便捷中转通道和重要枢纽，为推进两岸的经贸往来谱写新的篇章。

陈秀卿

中国书法家协会理事、福建省书法家协会副主席、厦门市书法家协会主席

槟榔屿之光 文 / 陈秀卿

我们都理想着有一天，一尊20米高的妈祖雕像能屹立在这座高34.3米，距厦门仅3375米，距金门仅3175米的美丽的槟榔屿，槟榔屿无论昼夜都将焕发着吉祥之光。

在金厦海域有一座美丽的岛屿，天朗气清时，立于厦门会展中心海边，不用极目即可望见那露出海面形似椭圆的槟榔果的岛屿，槟榔果是橙红色的，岛屿礁石在阳光下也泛着橙红色的光彩。随着日光或明或灭，时而岛屿薄轻雾、时而流云绕空岛、时而浮云载屿。槟榔屿原隶属金门县烈屿乡，60多年前在没有硝烟的年代，金门和厦门“讨海”的渔船常在此穿梭、流连。1949年的一场战火，令槟榔屿成为孤岛、海峡两岸中间岛。上世纪50年代，槟榔屿一度成了“拔旗”岛，两岸军民，你方插上我便拔，晚间插上白天拔，自然常面临兄弟间火药味的“一触即发”令人头疼的局面。如今血浓于水的民族意识和乡土情结令骨肉同胞在经贸、旅游、文化不断交往中，也不断寻寻觅觅着两岸人民共同的精神家园。

胡锦涛书记2006年视察福建时曾说妈祖文化已深深扎根在台湾民众精神生活当中；2009年的大年三十总书记在厦门时曾深情地眺望着槟榔屿。

2010年正月某日，我与班晓东、杜宇鹏、何水根等同仁来到何厝顺济宫，见到端坐紫金莲的妈祖雕像时，一个念头在闪现：海峡两岸的大和谐离不开海上保护神——妈祖，海峡两岸最前沿的厦门应像天津、广州等城市，打造浓浓的海上妈祖文化。

妈祖，原名林默，960年诞生于湄洲岛，美丽、善良、济世的林默，百姓纷纷祭祀她，自宋元至明清，国家祀典就达28次，后来，闽南、粤东移民至台湾岛的船上皆供养妈祖，游子在

鹭江之畔是厦门生活的起源地。 图 / 李舸

乞求平安。至今两岸已有信众两亿多，数百数千的宫庙。妈祖成为闽台民间最具海洋性、深具世界性的信仰，如今妈祖信仰近在身边远在巴黎。1987 年，由妈祖文化掀起台湾民众探亲热潮、大陆热潮；1997 年湄洲妈祖金身出巡台岛 100 天，曾令台湾岛上下万人空巷。

来自福州三坊七巷，与大海有约、与金厦有缘的我，10 几年前，就与金门书法家结为亲朋好友，首个个展是著名书法家钱君匋先生题字“两岸情——陈秀卿书法艺术展”，而后金厦之间的书法交流非常频繁，有一年由《厦门日报》发起的“两门挥春”活动，规模之大、参与人之多，每每让两岸书家怀念。2009 年，中国汉字书法与妈祖信俗文化，同获得世界非物质文化遗产的殊荣。如何让汉字艺术与这极富乡土气息的、极富人情味的、草根性的妈祖文化结合，我朝思暮虑。可以旧貌换新颜，这座昔日饱受弹火纷飞的无人小岛，如何打造成两岸人民共同瞻仰、朝圣的海上妈祖岛、和平圣岛。真诚的善念很快便得到各方的响应，厦门、金门、书法家、妈祖信众纷纷出谋献策、出资出力。

二月初一日，从妈祖故乡湄洲请来了一尊 1 米 58 公分高的青石雕妈祖像，次日是中国传统的龙抬头的黄道吉日，在两岸同仁陪同下，护送妈祖雕像到槟榔屿。清晨，春光和煦、潮汐涨起，在顺济宫码头，只见一群白鹭或亭亭独立桅杆头、或理素翎、或一足独拳在春风里，逸态闲情，一片和祥气息。万里晴空，一叶扁舟在水中行，只见数只白海豚——传说中的妈祖鱼正在舟的左侧踊跃向前，同仁雀跃惊呼“妈祖在护慈舟”，不知不觉身到云海间，放眼遥帆点点，海浮孤屿小的槟榔屿渐渐展现全貌，碧蓝色的海面上托着一颗硕大的槟榔果，金灿灿，顶上披绿树。在人和海浪的欢呼声中，槟榔屿获得了新的生机，显现出和谐、和平的气象。妈祖神像巍然屹立着，香花香果供奉着，此时海水浓如酒，春风正曼舞。

春分时日，在鼓浪屿渡头，海峡两岸有近百名的信徒、书法家、艺术家云集在“春兰号”游船上，大家品香茗、听雅乐、赏书法，尽情歌颂天上圣母妈祖，歌唱相亲相敬的今天。年已七旬金门书法家陈添财挥毫写了“以书法连心桥，两岸本是一家人”，他激动地说：“希望能在有生之年看到两岸的统一、和平”。厦门书法家陆凤彬将军写了《望月感怀》诗，并说：“明月升起之时是中国人想念亲人的时候”。我们登上槟榔屿，代表两岸信众共同为慈航圣母、忠门孝女雕像开光并留影，香火袅袅，传递着大家美好的心愿。在槟榔屿的崖缝里绽放着一簇簇无比温馨的油菜花，因为这正是我国油菜花全面开放的季节。此时一阵轻烟迷漫，油菜花迎风摇曳，令我想起妈祖传记中的“菜甲天成”的典故，今日在这无人烟的孤岛居然油菜花也灿烂，这里是否蕴藏着期盼：两万平方米的槟榔屿可以成为两岸深具文化诗意的妈祖岛。忽然天风燕子斜，只见它们从崖上疾飞而过，小燕子也叫吉祥鸟，是春的预报者。今日，

黄昏时刻海涛拍岸。 图 / 李舸

春色芳菲，海浪愉悦。

厦门市书协现代刻字艺术家们为纪念这次活动，创作了近百件最具时代气息的艺术品，在海峡书法论坛期间，在中华儿女美术馆举办了《妈祖文化在金厦》展览，展览也将应邀到金门烈屿乡展出。

如今“中华槟榔屿妈祖文化村”已成立，台湾著名画家、孔子学会会长李奇茂先生为村长，我被推为执行村长，我们都理想着有一天，一尊20米高的妈祖雕像能屹立在这座高34.3米，距厦门仅3375米，距金门仅3175米的美丽的槟榔屿，槟榔屿无论昼夜都将焕发着吉祥之光。是日归来，心情久久难以平静，我写了一首歌词《槟榔屿之光》。

春风微笑　瑞云舒展

万缕朝阳　海豚护慈航

天上圣母　神恩浩荡

昊天渺渺　海山苍苍

情牵你我　白鹭聚吉祥

槟榔屿村　和平之光

台湾女作曲家刘美利为此谱了曲。悠悠扬扬的《槟榔屿之光》将在“海上升明月，天涯共此时”的中秋佳节由两岸友人共同来歌唱。

乘快艇环岛，感受鹭江两岸秀美风光。

▼ 蔡景祥

厦门市慈善总会会长

在厦门播撒爱 文 / 蔡景祥

助学基金，带来的不只是希望。对于这些年轻的受捐者而言，他们不会产生依靠捐助才能生存的自卑感，这笔雪中送炭的助学款将支撑他们的自信和更多勇气，这也是公益事业存在的真正意义，应该可以成为此后公益捐助者可以借鉴和思索的新模式。

“为善最乐”——这是南普陀寺门口塔身上刻的字，中国人常说自得其乐，知足常乐，可知“乐”是何等重要，众“乐”之中“为善最乐”。

厦门，一座坐落在海峡西岸的海滨城市，经济四通八达，社会温馨和谐。30 年前，厦门特区由 2.5 平方公里的湖里起步，发展成如今的全市经济特区。制造业、服务业、金融业、物流业、旅游业……成为经济的亮点和强点。然而，评价一个城市不只是要关注她的经济范畴，社会民生分量更重。“大眼睛”的希望工程，义务捐血车上的“我不认识你，但我谢谢你”的口号不但像强劲的春风吹遍了全国贫困地区的村村落落，同样也在厦门蔚然成风。安老、扶孤、帮残、助学、济困、救灾，种种辅仁匡义、扶弱济困、乐善好施的中华传统美德同这座充满爱心的城市一同发展，诠释得淋漓尽致。

15 年前，厦门市慈善总会应运而生，倡导全社会树立团结互助、和衷共济、扶贫济困、平等友爱的社会风尚。善款的积累从当初为数不多的数十万元到目前的数千万元，建立了慈善基金 10 余个，慈善救助范围覆盖各种困难对象。近 10 年来，市慈善总会募集善款超亿元，救助困难群众 10 余万人次，为厦门社会和谐做了力所能及的努力与贡献。

“我国慈善事业已近 10 年，虽然取得了不少成绩，但与发达国家相比，我国的慈善公益事业仍然像一个蹒跚学步的孩子。”中国社会科学院一位学者在接受采访时，曾这样评价中国的慈善事业。诚如所言，厦门的慈善还处于起步阶段，我们还在摸索前行的道路，如何使慈善在厦门变成真正的社会活动；如何吸引更多的具有企业家精神和公益精神的人士进入厦门的慈善领域；如何使厦门慈善组织发育成熟，实现专业化?

蒙牛乳业集团创始人牛根生有一句名言：

厦门市花三角梅。 图 / 姚凡

厦门市树凤凰木。 图 / 姚凡

这个世界不是有钱人的世界，也不是有权人的世界，而是有心人的世界，这个心，是爱心、责任心。成己达人，在厦门，同样生活着许多这样的有心人。

建发集团是厦门“土生土长”的国有企业，经过 30 年的历练成长，成为现代国有企业的优秀代表，厦门整个城市的发展都渗透着建发集团的身影。难能可贵的是，建发集团将慈善文化作为企业文化建设的重要方面，不断与公司的发展壮大同步经营。他们为同安莲花镇白交祠改造饮水工程；为厦门先天性心脏病患儿设立慈善救助基金；为家境贫寒的学子踏入大学之门解燃眉之急；为了提升厦门形象出巨资赞助一年一度的厦门国际马拉松赛；他们及时地走进每个遭受重大灾难的地区。为了带动员工参与，宣扬善举，公司每年都组织全体员工参加“慈善一日捐”等爱心活动，源源不断捐助善款。

社会责任是企业文化创建的重要一部分。作为建发集团的子公司，也作为厦门卓有成就的建设者，建发房地产集团有限公司始终秉持“有爱就有路”的信念，在厦门播撒爱。

记得 2007 年 2 月 8 日上午的那一瞬间，建发房产公司向厦门市慈善总会捐资 500 万元设立慈善助学基金，接起牌子的那时刻，我就替那些还挣扎在贫困边缘的学子松了一口气。这是播种希望，成就未来之举。三年前，100 名高考贫困学子得益于此次善款的资助，顺利跨进高等学府的大门，但这笔“助学基金”只用于第一学年，除了家庭经济非常困难的个别学生将继续享受救助，大部分受助学子将依靠自身力量完成剩下的学业。助学基金，带来的不只是希望。对于这些年轻的受捐者而言，他们不会产生依靠捐助才能生存的自卑感，这笔雪中送炭的助学款将支撑他们的自信和更多勇气，这也是公益事业存在的真正意义，应该可以成为此后公益捐助者借鉴和思索的新模式。

建发公司只是厦门企业森林中的突出苗子之一，是爱心企业的一个缩影。在厦门，有爱心老人黄齐娘、叶克雄，有爱心企业厦门航空有限公司、厦门源昌集团、海翼集团、厦门川宇有限公司……有海峡对岸的台湾慈济慈善事业基金会、高尔夫慈善分会……这些都是住在厦门的公民，也都是爱在厦门的公民。在这爱的阳光下，患有先天性心脏病的三峡小移民周波玲已健康快乐地在校园里学习、生活；遭受30余年下巴2.5斤重肿瘤折磨的同安洪塘镇低保户纪蛤目接受手术，改变了一家命运；同安新民镇孤儿邵人才兄弟住进了新盖的房子，没有忧虑地上学，今已步入高级学府殿堂，圆其梦想……这些只是生活在我们身边的一件件小事，但又是他们一生中的一件件大事。

作为一个民间团体，厦门市慈善总会的退休人员都是义务工作者，但我们都感受快乐。因为这份事业，我们更深刻地理解何谓“予人玫瑰，手留余香”，慈善是最快乐的事业。

现在的社会主流是创造和谐社会，和谐离不开慈善，更离不开爱的表达，爱能让社会更和谐。

孩子们沐浴在爱的阳光下。 图 / 张天骄

▼ 李惠萍

《台海》杂志首席编辑

营平文化符号：厦门 从这里开始

文 / 李惠萍

其实营平片区只是一个习称，它大致包括现在的营平社区、鹭江道社区和大同社区，即东到鹭江道，西到思北路，北到厦禾路，南到大同路。在这个片区中，有着老厦门的各种记忆，看似零落，细细走去，却也容易串成一段完整的历史。

所谓“城市”，即城与市的合体，是市民居住、货殖、生活之所系，考究一个城市的历史，必先求诸市，今次我们要谈的就是厦门的城与市。

走进八市，也就走近了历史。

不到八市不算来厦门

来厦门不能不逛中山路，来中山路不会不被骑楼吸引。实际上，开元路建成于 1924 年，是厦门市政建设的第一条马路，是名副其实的“开元”之路，是厦门南洋风格骑楼的发祥地，所以骑楼汇集的精彩，在开元路尤为可观。

骑楼指楼与楼之间跨人行道而建，在马路边相互联接形成自由步行的长廊，是近代典型的商业建筑，一般是楼上住户、底下商家。这种适应厦门气候的特殊形制使得逛街客无需忍受日晒雨淋之苦，自可折起伞具，一家家慢慢逛来，在骑楼下，很容易体会到什么是悠闲。鉴于骑楼的优点，相继建成的大同路和思明东、西、南、北路等马路均建了骑楼式建筑，形成厦门老城的特有风格。

而在开元路这一丛优美的骑楼中，掩藏着厦门著名的传统市场，即第八市场，简称八市，也叫营平农贸市场（1979 年建立）。

八市的绝对规模不算大，搭盖面积 2300 平米而已，就算加上周围开禾路、开平路的“马路市”，也不过 3000 多平米。但相对于厦门这么一个小岛来说，它显得庞大而包罗万象。在这里，每天有 5–10 万的人流量，400 多个摊位，270 多种农副产品。在这里，供应了全市

70%饭店的海鲜、全市猪肉用量的60%。在这里，可以买到一分钱的东西，譬如一根针。

这里还是"厦门脸"汇集之地。很多老厦门人出于种种原因已经搬到前埔松柏等地，但买菜时还是会回到这里，掂些新鲜时蔬、海鲜回去，仍能炒出古早的味道。八市周围的建筑都是民国时期留传下来的，住着老厦门人和外地商贩，成为历史与城市结合的一面镜子。或许也是因此，外国人常有不到八市不算到厦门的感觉，外国摄影爱好者在这里拍照采风已成摊贩司空见惯之事。

在这一片熙熙攘攘的"入世气氛"中，藏着一处宗教胜景，即始建于1860年、重建于1935年的竹树礼拜堂。它位于开禾路与厦禾路交叉口附近，是一座罗马式双钟楼教堂，也是厦门现存最早的基督教堂之一。目前礼拜堂正在整修，从外面看来，仍是掩不住一派肃穆庄严。

礼拜堂的正对面恰是有名的"亚生鱼丸"。老板悠悠地告诉我们，礼拜堂也是一个热闹场，常见有人在这里举办结婚典礼，只是他不是教徒，所以从未进去过。若是真的信步到此，不妨提两斤鱼丸回去，不远处是第一码头，这里的鱼丸是用刚上岸的鲜鱼现做的，可以想见其鲜美的程度。而在历史上，开禾路的"游击队"

八市熙熙攘攘的人流，直到傍晚才会退去。 图 / 林世泽

摊贩便是靠“地利”保证了新鲜度，所以至今还坚挺地存在于八市主体的周围。

八市紧挨码头，有很多龙海漳浦的海鲜、中埔海沧的蔬菜，且都兼具新鲜便宜的特色，大得让人瞠目的野生大红虾不过 16 块钱，这里还不乏 20 块的鲍鱼、各种叫不出名儿的海中客，各种蟹满地横行，多不胜数。到了 10 点以后，蔬菜还会更便宜，5 角钱就能买到一斤。当然，这里不只有这些，开禾路上便有一种特色花生——来自晋江、极有嚼头、工艺繁琐、风味独特的衙口花生。酒香不怕巷子深，这种花生还吸引了不少金门人来买。而这里的荔枝肉也不错，酸酸脆脆。随便问问，小吃摊主人竟是施琅将军的正宗本家。小摊的对面，他们的小店正在装修，谈到未来，施小姐一片憧憬。

夕阳即将上岗的时候，随机问一个小贩，她说下午码头还有上货——盆子里巨大的红虾正活蹦乱跳，果然不像已经搁置一天的样子。总有惊喜，总有新鲜感，这是对于八市一日游的最大感觉。

历史散落在街巷中

厦门在明清时期有 13 个古码头，打铁街和洪本部街就连接着两个厦门与南洋往来的重

▼ 开元路为厦门首条现代马路，两边盖满了极具特色的骑楼。 图 / 林世泽

味道独特的衙口花生藏身八市。 图 / 林世泽

“厦门一等邮局”为厦门第一所邮局。 图 / 林世泽

要码头。对于街巷的拜访不妨从打铁街开始，因为它就在鹭江道旁边。打铁街已经没有人打铁了，变成了一条贩卖活禽、鱼类、蔬菜的小巷，一般中午小贩们就收摊了。

在这里，我们的目的地是福寿宫。其实福寿宫就在建行大厦的后面，只是必须要经由曲折狭窄的打铁街才能走进去。站在福寿宫前，记者百感交集。与附近鹭江道那些高大入云的现代建筑相比，这间庙实在显得低矮、逼仄、简陋，只有神像依然淡然慈悲——保生大帝和其他神祇虽已在此看惯了世事浮沉，却也一直坚守在老厦门人的回忆中。具有 500 年历史的大庙经过破坏与周围的开发，现下只剩了十几平米的空间（主建筑）。如今的新庙也不到 20 年，却已显出老态，但庙不可貌相，从宫前香炉里细细软软厚厚的香灰看来，虔诚的信众并未因为庙的规模锐减而减少，这也是来青礁慈济宫祖庙虔拜的台湾信众多愿到访之地，因为这离厦门的根是如此之近。

几位“常驻”庙宇的阿嬷中有一位姓曾，她曾为了这座庙宇的命运上下求索、多方奔走，才有了今天这闹哄哄的街巷和车水马龙“夹击”中难得的一片静。远远地看去，一座“隐居”的庙，几位华发老人，俨如一体。

这里有条九条巷，访客来了会绕晕，其实这里的街巷大致都像九条巷这么扑朔迷离。这一带曲曲折折不知延伸向何方的迷宫一般的街巷中，既有美丽的老洋房，也有被鉴定为危房的无主老屋，既有洪旭部队留下来的碑记和本部堂遗址，也有知名和不知名的各种庙。身在

▼营平老裁缝。 图 / 林世泽

▼八市里的古早味鱼丸。 图 / 林世泽

此间，总难免有些穿越感。

其实洪本部街毗连打铁街也连着八市，无需精研了地图再去，在这里完全可以跟着感觉走。所谓洪本部街，指的是国姓爷郑成功部下洪旭将军练兵的地方、当年的军营所在。洪本部街在营平片区里占了不小的一块，使得营平片区成为郑成功遗迹非常集中的区域。在这附近留下了许多和郑成功有关的地名。

但如今的本部堂只留下了一个遗址——洪本部街 42 号，住了好几家住户，早已失去原有的样子。不过幸好，不少珍贵的明清石碑都是嵌在墙上的，勉强留了下来，时刻提醒人们这里是厦门城的源头。其中，洪本部街 33 号墙上的乾隆年间“重修洪本部渡头碑记”虽仍完整，却也字迹斑驳了。

洪本部街 158 号是昭惠宫的所在，这里供的是开漳圣王，也是“丙洲陈”在厦门的宗祠。比起福寿宫，这里显得更局促，但有陈氏祖厝和陈化成将军做芳邻，开漳圣王绝不会感到寂寞。昭惠宫旁还有一块“洪本部路头告示”碑，是为了告诉人们此地系军事重地，不要随意进出。让人哭笑不得的是，另一块碑被挖了一个四四方方的角儿安装了排气扇，暗示着古迹与现代生活之间的矛盾。

绕来绕去，也就绕到了八卦埕，据说当年刻在地下的“八卦”已然不再，但是这里仍有一座漂亮的民国洋楼式建筑（八卦埕 3 号），写满了历史，爬满了植物，却也丝毫不能减损它的美。

现代化马路上的史迹

从小街小巷中钻出来，我们“回到”了现代。鹭江道、大同路一带也有一些历史的痕迹，只是看起来不太明显。

600年前，即明朝洪武年间，在现在鹭江街道的位置上始建“厦门城”，开启了厦门的繁华。而大同路曾是解放前后最热闹的商业街，有闽南最大的百货店、23家金店、7座庙和7条小巷。现今这些建筑仍在，却已随历史褪去了风华。大同路220号是开国上将叶飞曾两次居住的地方，1926年，他到厦门读书时住了一年，1931年，他曾回到这里疗伤。大同路土堆巷9号的三层小洋楼是厦门总工会的遗址，这里记载着厦门工人运动领袖领导全市工人进行“二五”加薪和反剥削的罢工斗争史。

目前鹭江道上仍在使用的海后邮电支局（厦门一等邮局），是厦门近代邮政的发祥地，创建于光绪二十三年（1897年），始称“大清厦门邮政”。2002年，厦门市邮政局斥巨资按“大清厦门邮政”建筑风格进行装修并投入使用，应算“古迹活化”的范例吧。而若细细看会发现，建筑底座上刻有各种老邮票的样式，其中还有“大清台湾邮政局”发行的。徜徉在营平片区，厦门与台湾的历史渊源总在不经意间透露出来，或许，留住历史，正是留住情感的一种方式。

集安堂南乐社的南音是留住历史的一种方式。 图 / 林世泽

叶海珍

厦门市同安区特殊教育学校老师
2009年度厦门感动人物之一

让孩子沐浴在爱的阳光下 文/叶海珍

希望我们能多了解这些特殊的孩子，让我们一起努力，给他们一个更加关爱更加宽容的环境吧，让他们能够健康、快乐地沐浴在爱的阳光下！

我至今还记得那个拥抱，来自一个患有自闭症的孩子，入学九年来，他几乎从不与人交流。离校的前一天，我到宿舍帮他们收拾行李，他望着我许久，然后紧紧地拥抱我。那一刻，我被完全感动了，虽然九年来他并没和我说过话，但他从心底接受了我们——只有发至内心感谢，才有那么深的拥抱。

身为一名特殊教育老师，我感到自豪；在厦门这个城市从事特殊教育工作，我是幸运的。2000年7月，我从南京特殊教育师范毕业。当时父母已在厦门市区给我找好了一所各方面条件都比较优越的小学，可我坚持要回同安特校任教。那时同安特校连一个正式的编制也没有，我只能当一名每月500元的代课老师！尽管家人一直反对我的选择，但是我始终不愿放弃专业——特殊教育，我想在同安特校发挥我的特长，我想将特殊的爱献给这些特殊的孩子。事实证明，我的选择是正确的，因为在同安特校我和孩子们都很快乐。

去年，我被评为感动厦门十大人物之一，其实这是这个城市对我们工作的肯定。10年来，厦门市特殊教育的氛围越来越好，社会各界对于特教孩子的关心也越来越多。记得几年前有一次家访，一位学生的奶奶怪异地看着我说："真奇怪，聋哑学校的老师怎么会说话？"我当时真是哭笑不得，也是那个时候起，我才知道我的教育对象不仅是学生，还包括那些不了解特教工作的家长。当然，这样的情况已经少了许多，社会已能较正确地看待特教工作。

10年来，我走访了许多地方，在沿海城市中，厦门应该是最重视特殊教育的。也正因为这样，越来越多特殊孩子来到我们学校。同安特校当初只是同安一个普通特校，后来变成众所周知的特教中心，外地学生纷纷闻讯而来。

平日里，学校里经常会有一些来自大学、中学，甚至小学的义工。特别单纯的爱驱使他们来到这里，与这些“唐宝宝”、“自闭症”孩子、聋哑儿童亲密交流、沟通，为这些特殊的孩子们提供力所能及的帮助。

有时候，我会问自己，爱究竟是什么？对特教工作者而言，爱是弯下腰帮孩子系好鞋带，穿好衣服的每个细节；爱是深深记住哪个孩子什么东西不能吃，有什么特异体质的良苦用心；爱是当这些孩子癫痫发作口吐白沫时，不大惊小怪而镇定自若；爱是时时刻刻带着面巾纸，随时准备擦去孩子口水的习惯……

很多时候，我也在想，我这么努力不就是为了他们抬起头来，为了他们自信灿烂的一笑吗？看，他们的笑容是多么的天真、无邪，他们刚入学时的胆怯和自卑早已荡然无存！但是以后呢？我见到许多孩子进入社会后又低下头来，害怕和惶恐重新爬上他们的脸庞。希望我们能多了解这些特殊的孩子，让我们一起努力，给他们一个更加关爱更加宽容的环境吧，让他们能够健康、快乐地沐浴在爱的阳光！

孩子们在爱的呵护下快乐成长。 图/林世泽

▼ 何丙仲

原厦门市博物馆副馆长，研究员，厦门著名文史专家

从“屎礐”到“化妆间”

文 / 何丙仲

终于熬到改革开放的好年头。记得上世纪 80 年代初，市政府为解决鼓浪屿居民吃水难的问题，特地安装海底水管，鼓浪屿告别了几十年以船载水的历史。

尽管晚年我把家从鼓浪屿搬到厦门来，但心还是留在那个美丽的小岛上。

夏夜，和老妻坐在20层顶楼的石椅上聊天，这边是厦门最高的云顶岩，那边却是风光无限的湖边水库和五缘湾，视野无遮拦，耳际有音乐，真的是有花竹之盎然，而无市廛的喧闹。红尘隔断，清风徐来。但我和老妻说的更多是鼓浪屿，毕竟它是我们两人生活了将近一辈子的地方。

说起鼓浪屿，也许因为我们上几代人都是它的岛民，加上近年我的学术视野锁定在这个小岛上，所以对它的前世今生，可能比较熟悉，然而印象最深刻的却是从前鼓浪屿的生活用水和厕所。当代的年轻人时不时就把自己心中想象的小资情调套到鼓浪屿头上，说往昔的鼓浪屿啊，花香鸟语，琴声不断，居民们的优雅素质要说多高就多高。说得连我们这两个老岛民都有点飘飘然。但一想到当年因为水和厕卫这两件居家必备的东东所遇到的尴尬事，就乐不起来。

近代早期到过厦门的洋人都说，鼓浪屿的水真多，井水还运到对岸的厦门旧市区零售。

岛上的井的确是多，虽不见得人人都“歌柳词”，但几乎每幢楼院里都有井。余生也晚，没见到过把水运到厦门卖，倒是长年喝着厦门运过来的自来水，经常看到“隔水”（从前龙海一带被称作“隔水”）的“粗船”停在黄家渡的泊岸边上来运载人粪尿。至少在“文革”之前，挑水的人群和运送粪便的车辆，才是点缀在风貌建筑丛中最具特色的两道风景线。说到公共设施，有识之士都会说，早在上个世纪某年，鼓浪屿就有了自来水公司。其实当年的自来水用户毕竟很有限。龙头一带居民多、地势低，但那里的岛民用不起。住处优雅之处水压不够水又上不去。于是大部分岛民日常生活都得用井水。奇怪的是，岛上井这么多，厕所却少得可怜。这些年炒热的那些风貌建筑，一般都没有室内厕所，而只是在花园或庭院角落设一间“屎礐”，大部分岛民则在家里找个放马桶的地方，每天由“民产公司”派人来收拾。至于浴室，那更是罕见之物。我想，关键就是没有良好的供水设施。品味西方文化，却过着半农耕社会的生活，这就是当年岛民居家过日子的写照。

我们家自“卢沟桥事变”的第二年迁到鼓浪屿，至今 70 多年了，总共搬了 5 次家。抗

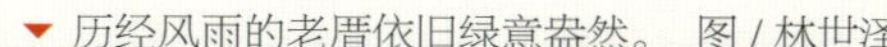

历经风雨的老厝依旧绿意盎然。 图 / 林世泽

战胜利后我家住中华路的“怡安庐”，那幢老洋房后面的小空地，倒是有个只能挤进一个人的“屎礐”。祖父说，当年国军中将李良荣来做客时还使用过。好在楼前龙眼树下有一口井，吃的用的全靠它。解放后搬到安海路，也是洋房，不但没有自来水，连“屎礐”也没有，只好找个楼梯间做“尿桶间”。

1954 年，我读小学三年级的那年秋天，我们家又搬到泉州路的一幢建于大清光绪年间的红砖楼房。这一住就住到 1990 年。这幢砖木结构的老宅非但没有自来水，连开辟个“尿桶间”的地方也没有，只好在卧室里面用大衣柜隔出一个“尿桶巷”，祖父和我只能在“灶脚”（厨房）旁边的水槽里小解。幸亏楼下的院子有一口井，半个龙头街的居民都到这里打水，不过居民嫌那水“碱”大，只能挑回去洗东西。煮饭烧开水还得用“三拂净”或“大宫口”的水，要不就到“标准照相馆”边上的自来水供水站排队买水，再挑到家里。龙头街的居民和我家一样，每天清晨都得倒马桶。于是天蒙蒙亮，“民产公司”的木轮粪车就四出奔走，“倒尿！倒尿！”的声音此起彼伏，接着我家楼下那口井边便响起一片刷马桶的声音，祖父说这是古诗中的“萧萧马鸣”。读中学那些年，挑水自然是我的课余工作，隔壁大楼的自来水虽然时有时停，老管子流出来的水都带着浓重的漂白粉和铁锈的味道，还是让我羡慕不已。不过，“塞翁失马”倒不是坏事，因为没有冲浴的地方，

有万国建筑博物馆之称的鼓浪屿曾被用水问题困扰已久。 图 / 李鸾汉

我只好一年四季都到楼下那口井打凉水洗澡。1968 年我到工厂烧大炉以后，这个无可奈何的良好习惯才改变过来。

那时我正是长身子的时候，只好乖乖的到“芦竹仔脚”那座公厕充当每日必到的“晨客”。无奈“芦竹仔脚”常常人满为患，好多人手里拿着便纸在外面急得骚首跺脚。老妻娘家花园角落有“屎礐”，下嫁我家时为了解手这件小事，足足磨合了好几年才勉强适应。最狼狈的是家里来客人，那“马脚”就全露出来了。记得有一年，罗丹先生带着陈祖宪、张兆荣等 10 来位老前辈到我家雅集作诗。不料饭饱酒足，“出路”成了大问题。我时常使用的那个水槽正对着隔壁大楼的走廊过道，这里一个动静，那边的过客看得一清二楚。罗老先生大名鼎鼎，真是委屈了他。至今老妻和我还为这件事觉得过意不去。我在工厂扛大活那阵子，连年 5 月都会患痢疾，肚子一绞痛马上就要泻个不停。最严重的那几天，我天天坐在街心公园的石椅上，一有情况就往“芦竹仔脚”狂奔。

终于熬到改革开放的好年头。记得 80 年代初，市政府为解决鼓浪屿居民吃水难的问题，特地安装海底水管，鼓浪屿告别了几十年以船载水的历史。但是老宅子太破旧，装不了水管，春风还是不度玉门关。幸好隔壁大楼的芳邻富有同情心，同意我拉了条横空的塑料管，讲好下半夜让我家接水。当时我刚大学毕业调到博物馆工作，认为这正好可以夜读接水两不误。

不料有一天我打了个瞌睡，水缸满了出来还不知道，被楼下邻家骂得狗血淋头。

好在这种日子并不长，1990 年我家迁到八卦楼单位自建的宿舍，不但住房宽敞，上万册图书重见天日，连生活用水、厕所浴室统统得到解决。几十载美梦成真，老妻和我都心满意足，已经把与八卦楼毗邻的新居当作终老之地。

没想到退休后，孩子们考虑我行动不便，提议我们到厦门选择那种带有电梯的高楼居住。刚开始老妻和我还真的舍不得离开鼓浪屿，但考虑到孩子们和朋友们都住到厦门，而且都说感觉不亚于在鼓浪屿。想想也是，于是就举家搬迁过来。生活空间和装修水平没什么好夸口，单居住面积就扩大了一倍多。几净窗明，两层楼都有我的大书房，朋友来做客，根本不用为找“出路”而发愁。我二哥他们 60 年前跟着我父母亲到台湾，他们老是记得“怡安庐”那幢老宅，还问起那间小小的“屎礐”。前年他们从美国回厦门探亲，住到我的新居，舌头伸得老长——三个“化妆间”啊！台湾人真逗，厕所 + 浴室就叫化桩间。这 30 年来，就我们这个典型的鼓浪屿老家庭，从“屎礐”、“尿桶巷”发展到有厕所，而后进一步拥有“化妆间”，而且不止一个，是三个。你说说，这进步有多惊人？

前不久酷暑难熬，老妻建议在顶楼放一个充气的塑料游泳池，让两个小外孙泡泡水。我一算，不对头，这要用多少水啊！老妻说不浪费，用过的水正好可以浇花。不是我们两个人的环保意识特别强，而是当年鼓浪屿用水之艰难，惜水如金的观念已经深入我心了。

徐里

厦门市文联党组成员、专职副主席，中国油画学会理事、
厦门市美术家协会顾问、厦门市油画学会主席

看得见风景的房间 文/徐里

我家从老市区搬到湖滨北路筼筜湖一带，再到仙岳路，最后到这个海边的小区，我家的搬迁也见证了厦门这个我喜爱的城市的变迁、发展、进步。

水上园博园，秋水共长天一色。 图/李鸾汉

英国著名作家福斯特有一部小说叫《看得见风景的房间》，后来还被拍成同名电影，获得了奥斯卡大奖。故事说的是在普契尼歌剧的伴奏下，风景优美的佛罗伦萨阿尔诺河畔，浪漫的意大利风景和宁静的英国田园风光催生出了一段冲破世俗礼教的爱情。

曾有记者采访我，说我的家也是这样名副其实的“看得见风景的房间”。在这个视野有海的房子里，有许多得到朋友赞赏的装饰元素，其实是我从各地找来的：比如贵州的傩面柱；客厅的茶几是直接切割开的九龙壁原石，放电视的矮桌是一片从缅甸找来的大红木板，古朴原始。还有四处搜罗来的唐三彩、陶瓷花瓶、木雕等，都是中国民间的工艺品。另一张原木的矮桌可是有一些历史的，它是解放前厦门图书馆用来装订图书的，我把它搬回了家，在上面铺上蜡染的桌布，放上雕塑家林家卫的一个人体艺术作品。墙上则是来自世界各国的民族工艺品，有五台山的大佛珠、澳大利亚的牛仔帽、东巴的画、萨满教的面具……旁边厦门雕塑家陈文令的雕塑作品红孩儿与这些风格迥异的摆设倒也“和平共处”。

还有人说我家是个小型的“画廊”和“展览馆”。墙上除了我自己的西藏系列油画、鼓浪屿系列油画，还有前辈的书法作品。我在每个角落都“布置”了一些艺术家的作品。因为有许多摆设可是独一无二的，我也觉得家里像一个艺术品的“小观园”。我的家可是为中国

▼ 厦门，是一个可以诗意地栖居的城市。 图 / 李鸾汉

人“争光”的，因为来了很多外国人，都喜欢得不得了，这对家里艺术家的作品来说也是一个很好的展示机会。

中国美术馆馆长范迪安博士曾评说我的油画“兼有高贵的质朴和典雅的粗犷”；作家傅子玖则评论是“一种藏大于小、藏谐于庄、藏拙于雅、藏动于静的功力和情致”。我也希望我的房子像我的油画风格一样，可以将各种艺术风格融会贯通在一起，呈现在家中每一处角落的布置上。因为对于我来说，艺术不是孤立于生活之外的。

对着窗外同样让人心旷神怡的风景，对着会展中心的雄浑、环岛路的丽影、蔚蓝大海的波涛，以及重重远山的浓翠景色，我时常不自觉想起在厦门的居住生涯：从 1985 年我和 8 个大学老师同住一间房到上世纪 80 年代后期的一家住在 20 平米的房子里；再到上世纪 90 年代初住进了 80 平米的特批统建房；再到上世纪 90 年代末期才搬进现在这个大房子。我家从老市区搬到湖滨北路筼筜湖一带，再到仙岳路，最后到这个海边的小区，我家的搬迁也见证了厦门这个我喜爱的城市的变迁、发展、进步。我的作品个展和其他在厦门的画展也从以前文化宫的一个小展厅到现在的厦门美术馆、中华儿女美术馆等，画展的规模也从小型发展到经常性的各类全国大展，及海内外交流……

厦门，的确是一个可以诗意地栖居的城市。

百幸人家

白房间　清茶暖树

厦门四十年居住实录

文 / 大瘦

当房地产发展成为大众话题之时，当建筑不再单纯地承载居住功能之时，当人的欲望越来越贪婪令房子无法负荷之时……再度回到养育我的厦门，我却忆起过往的三十年来藏在生活含义深处的点滴。

闽南特色的燕尾飞檐像是岁月的号角。 图 / 郑晓东

在很长一段时间里，我行走于那些鳞次的城市之间，暗自以为奔波是件充实且快乐的事。然而多年后，当我又辗转回到厦门，留恋在祖屋旧址前的婆娑树影下，我才恍然——原来生活的梦想，就是那份真水无香的思念和回味。

自我记事起的 70 年代，我们的家是在公租屋。沿着热闹非凡的中山路一直往里，进了逼仄的小巷，便是那栋灰褐色的瓦屋顶大宅子，那就是我们的家，当年的“东砖仔埕 1 号”（一个颇具有厦门特色的门牌）——一座典型的闽南风格大厝，我的童年因为它，充满了快乐的回忆。大厝有一个不大的院子，院中栽种了一棵番石榴树，夏天时每天放学，我便带着弟弟去捅番石榴。将晾衣的竹竿一端剖开一段，夹上一根筷子，将微微撑开的竹竿头对准树上的目标用力一拧，大大的番石榴就从树上落下来，一直滚进我们的怀里，我们便开心地捧着番石榴冲进我们的小屋找父亲。

我们的家是大厝里的一间 12 平米左右的单间，隔了一角便是厨房、餐厅及下水道。由于空间有限，我们从小就学会合理收纳——每晚从门后取出几块床板，将两个板凳一头一尾放好，再将床板拼上去——我们临时的床就出现了。家中时常会有父母的好友来访，“小城故事多，充满喜和乐……”，有邓丽君悠扬的歌声相伴，大人们总是不禁在那 12 平米的小房间里翩然起舞，我们兄弟俩在一旁殷勤地往地上洒滑石粉，大人们的舞步就更加圆润流畅。此情此景，好不畅快！

多年之后，我看过很多规划精湛、设计完美的大宅，然而唯独记忆深处的这个令全家四口人其乐融融的家，最令我梦牵魂绕。

到了 1983 年，厦门有了福利房，我们终于有了自己的房子。

豆仔尾的一幢预制板的 6 层楼房，就是我们的第一套房。在那个迷恋小虎队的年代，楼房对很多人来说是如此新鲜。尽管那时的福利房户型十分不合理——客厅小若弹丸、采光极差、到厨房必须先经过公共楼道，但对于第一次拥有自己房间的我来说，搬进福利房着实令

人欢欣雀跃，这般雀跃的劲头支撑着我每天穿街走巷半个小时上学也仍旧乐此不疲。

一个孩子眼中的世界，透过玻璃鱼缸看到的一切都是暖色调，柔情而温软。豆仔尾的家让我们第一次知道，原来家应当有独立的卫生间、厨房和阳台。结束了每晚搭床睡觉的历史，于年幼的我而言，触动的情愫是复杂的。我怀念和弟弟挤在一起共眠的日子，低声交换白天的见闻，窸窸窣窣躲在被窝里玩剪刀石头布，总被父母催着入睡，两个瘦小的身体，两颗贴得很近的心。

上世纪 80 年代末，就在我还沉迷于福利房的美好之中时，我们又迎来了新的居住革命——我们搬进了城市新区——莲花新村。当时的我并未意识到我即将见证城市发展建设的重要一笔——真正意义的商品房住宅小区出现的历程。

从那时的厦门火车站往东，城市基本就绝迹了，而莲花新村就在那被视为与城市绝迹的乡下地带，我上学的路程从半个小时延长到一个小时。然而当置身于从未见过的居住小区之中，路途的遥远就变得不成问题了。大客厅、可观山景的卫生间、冲水马桶，垃圾直接往下倒的楼道垃圾口……新家的一切都让学生时代的我坚信这个世界充满奇迹。莲花新村很快成了我们新的伊甸园！整体规划的莲花小区，有绿地、学校、菜市场，背靠可以肆意奔跑的山，我们在山上开辟了自己的小菜地，从河沟里打水种菜，体会到田园生活的野趣。记忆中打鸟的场景，虽未有鲁迅先生笔下那般精彩，但也

▼万家灯火装点出流光溢彩的厦门夜色。 图 / 林世泽

总令我们兴奋得不舍归家。逢春节至，从山间采摘整枝的野梨花、野桃花，那各样奔放夺目的颜色，晕染成一朵魂，像母亲头上的簪子，动人心弦。

于我眼中如宫殿般隆重的莲花小区，楼宇建筑都是一个模子，每每迷路在自家小区里，却也心情漫漫。那脑海中的日记本里呵，记录下我们多少的青春、快意和梦想。

上世纪90年代，伴随着大批商品房的出现，小区的规划变得更加多元、丰富、正规，厦门岛也愈发热闹和拥挤。经历了公租屋、福利房、莲花小区的我和弟弟也终于步入社会，家中再次添置了新的住房。

1997年，我们举家迁入彩虹花园，敞亮无比的复式宅子，楼上楼下的格局，再一次扩大了我们的视野。在彩虹花园的家中，我和弟弟迎来了成家、当父亲等重要的人生大事。于是在记忆中的每一次搬家，都让我们对世界的认知更近了一步。家再一次成为回忆和情感的寄托。

屋外流水落花，梦暖如昔。

当房地产发展成为大众话题之时，当建筑不再单纯地承载居住功能之时，当人的欲望越来越贪婪令房子无法负荷之时……再度回到养育我的厦门，我却忆起过往的30年来藏在生活含义深处的点滴。

建筑的完美，不在于形式或表面，而在于它承载了我们的回忆、岁月和梦想。即便只是白房间，清茶暖树也足以梦满人心。▽

爱死你了　我的小城 文 / 洪本祝

骑着半新不旧的单车，不疾不徐地走在有凤凰树阴的上班路上，一幅小职员的人生写照。这，也没什么不好。

那时，从家乡到厦门市中心的公交车票钱是6角5分，这不菲的车资阻止了我对小城的亲身体验，却难挡我对她的无穷想象。我知道那里有海有公园，有中山路和日光岩。住在胡同里弄的居家生活与我们有很大的不同，女人说话轻声细语，男人着直筒裤，头发略长，身型矫健，步履轻快。看了《小城春秋》后，更感到小城革命浪漫的色彩。

现实与想象毕竟有距离。18岁时，我考进了驰名南疆的学府，校园里地瓜秧苗田田，蔗林随风摇曳，一派田园风光，更有北方同学调侃："人力掏粪车奔驰在厦大的社会主义康庄大道上，香飘万里"。直到毕业，数这座城市超过6层的所谓大楼都用不完5个手指头。我如愿以偿地在小城就学、工作，心也就安定了下来，我将成为她的一分子，荣辱与共。我大抵还是有希望的，会在这里娶妻生子，迟早会分到一套预制板的、越往里间走光线越暗的筒子楼。还常回老家，尽管只有50里，每次都像远征。公交车在乌石埔快速转弯下坡，农田边的竹架上晒满了米粉，水塘上浮着群群嘎嘎叫的水鸭，吕厝边的小造纸厂不断地向着大路排放污水，这景象与气味都是熟悉的，甚至亲切。每次路过筼筜湖，直冲鼻腔的强烈气味都让我处于半晕状态；也忘不了12路车的终点站在滨北路的大转盘，等待已久的12路车摇摇晃晃过来了，人们蜂拥而上，全然不顾溅起老高的泥浆。我是属于这里的，这应该就是我

未来的生活吧。骑着半新不旧的单车，不疾不徐地走在有凤凰树阴的上班路上，一幅小职员的人生写照。这，也没什么不好。

只不过30年的光阴，却觉今是而昨非。半年前搬了家，我敬佩老婆的眼光和装修水平。300多平，向南俯视繁华都市和水静河飞的湖景，北边是狐尾山的翠绿山林拥进窗来。我想即使在宽敞明亮、整洁现代的厨房里忙碌，应该也是愉悦的，因为看得见海沧桥、东渡港、荔枝林。从此，对五星酒店不再向往，我家就是五星级。年近知天命，万事常知足。

有一天，我在挑高的客厅窗口向北望，看到了家乡的仙灵棋山，故乡与新家，直线距离不过50里，可说起其间的挣扎、苦斗和嬗变的历程，又何止十万八千里呢！

海沧大桥如一条银龙舒展在厦门的西海域上。 图 / 李鸾汉

在幸福深处居住 文/孙勇民

因为小区的绿化，也因为小区物业的贴心管理。我们家不管住哪里，总是会受到亲友称赞。

每每有外地的朋友来，或是联络时说到关于生活中的乐事，他们总羡慕我生活在厦门。确实是这样的，不是说我原本就是厦门人，更是因为这么多年在厦门的生活，真切体会到这个城市的温馨，这真是个宜居城市。

这些年城市发展的脚步飞速，城市的楼盘也越建越美，每个小区都是城市景观的一部分。因为小区的绿化，也因为小区物业的贴心管理。我们家不管住哪里，总是会受到亲友称赞。前些日子，有朋友来家里玩，对我现在居住的半山墅啧啧称赞，此类美词不是第一次听到，但我们还是很开心。小区的园丁长期精心的养护，真是没得挑剔。用花园来形容，也不为过。吃过晚餐，我和太太还会到小区里散散步，或是傍晚时慢跑几圈。朋友说，真有“雅兴”，其实也是因为有这样的环境，才有这样的心情。

这是我们选择住在这里的原因。品牌是前提，质量是关键，物业管理也是重要的考量因素。之前我们住在东浦路的建发花园，不少同学朋友听说我买到那里，也纷纷跟我成了邻居。小区绿化也不错，物业也像管家一样贴心。厦门不少楼盘都建得外观华丽，建发的楼盘外观上不亚于其他家，在细节上更胜一筹。住在建发花园时，小区每年都会安排油漆栏杆，让整

体景观年年如新。时常还会遇到保洁员清洗楼梯。尤其是过年时，家家户户做卫生，物业也派保洁做好各楼的卫生，家里家外都很整洁。

我们家的幸福指数跟随着房子的步步改善步步提升。2008 年我们买下半山墅，原本也没想要立即搬迁，但感觉环境真的很美，生活在花园中，岂不是件乐事。于是 2009 年，我们就搬家了，估计不是数一也是数二抢先居住的业主了。现在常有人向我们打听是否出售，太太第一个反对，坚决不舍。太太是位全职主妇，时常就和小区里的其他主妇聊聊天结识左邻右舍交流生活经验，有时还一起去淘货。我平时工作忙，有时我加班晚了回家，车子入库时也总会保安过来问候。保安总是很尽职，如果有陌生人到访，保安会跟随到户，经业主确认为止。

开心的事常有，生活的幸福感就会越来越强。中秋快到了，前些天一家人吃饭时提及此，儿子还在兴奋中。去年我们刚搬到半山墅，小区组织了中秋博饼，儿子一路好运地拿到状元王中王！希望今年还继续一路好运。

我之前当过船员，到过世界 30 多个国家。可是走到哪儿还是厦门好。不少新加坡、台湾的朋友也在厦门置业，他们与我一样的感受，幸福指数很高。

▼ 半山墅小区实景拍摄。

老厝 新房 商品房 文 / 陈锡妮

房子是会变的，从墙面斑驳的老厝，到价格不菲的商品房，房子也有自己的历史和岁月，不变的是，每种形态的房子里，都承载了一代人的欢乐，谁在那里生活，谁在那里成长，谁就永不忘怀。

老厝像一位须发皆白的长者。上个世纪50年代，我的祖父为了生计，下南洋谋生。历经7年的艰苦奋斗，终于带回了一笔丰厚的资产。他买地盖房，用一块块“土角”砌再刷上一层层白灰建成，连绵几十米。

如今老厝外斑驳的墙面，毛主席语录已经渐渐淡去，唯有青苔是她额上永恒的绵密皱纹，红瓦早已乌黑，闽南特色的燕尾飞檐像是岁月的号角，还有那窄小的窗户，石条砌成的石栏，透进的悠悠光线，让人记忆深刻。

那时候，我父亲有五个兄弟，虽然各自成家立业，但仍然分而不散，聚居在老厝中。我依然清晰地记得，两家共用一个大厅，再各自分得两个房间用来做厨房和安置四口之家。平时各忙各的，但缺点柴米油盐啊什么的，总能从别家及时补上。如若遇上特殊日子，全家老小几十口人全部聚齐。男人们搭雨棚、搬桌椅，女人们围在井边杀鸭鱼、洗菜，孩子们在一起嬉戏……那些美好的聚会时光像一幅幅永不褪色的照片烙在我们的心头。

然而，老厝毕竟太小了。随着孙辈们的长大，老厝的拥挤日渐显现。孩子们一动仿佛就能碰到胳膊勾到脚，书桌也无处摆放。还有，小小窗户光线微弱，房间阴暗潮湿，夏天时房间热得像蒸笼一样……仿佛一下子，老厝的缺点纤毫毕现。事实是，哺育了孩子们的摇篮，对于开枝散叶的家族来说已经不合适了。

上世纪80年代末，父亲在老厝的边上重

图 / 郑晓东

那些美好的时光像一幅幅永不褪色的照片烙在我们的心头。 图 / 陈立新

新选择了一块宅基地盖房子。他雇了两个大师傅，自己和母亲当小工，起早贪黑的。那时候外祖父身子硬朗也来帮忙。经过一年多的努力，终于建成了一层半的小楼，第一层石头砌，第二层才是砖头，那时砖头比较贵。父亲时常骄傲地告诉我，新房的泥土是他和我的外祖父严格按照比例混合的，结实坚固。搬新房的那天，我们全家喜气洋洋，节俭的母亲还特地为我们姐俩各做了一套新衣服。

我在新房子度过了美好的少年时光，我带

来了自己的同学，骄傲地向他们介绍我们的新房子。我在父亲为养狗而设计的门洞里钻进钻出，在铺满红砖的阳台上踮起脚尖，无比兴奋和骄傲。我们一家四口，时常在夏天的夜晚，爬上屋顶铺张席子看星星，甜蜜地说笑和憧憬着未来。此后不久，我的叔伯们也纷纷申请新的地基重建房子。老厝冷清了下来。

大学毕业工作后，新房又成了我心目中的老厝。2007 年底，为了女儿，我和先生商量后在单位边上买了一套房子，尽管花去了我们的大部分积蓄，但我们仍兴奋了很久——终于有了属于我们自己的房子了。有几个夜晚，我和先生激动地商量着，厨房要怎么装，客厅要什么风格，最重要的是把书房柜子装得尽可能多一点。我们像两只勤劳的小鸟，叽叽喳喳地规划着我们的新家，也做好了努力辛苦衔回一枝一草的准备，这一切如梦幻般地美好。

我算是明白了：房子是会变的，从墙面斑驳的老厝，到价格不菲的商品房，房子也有自己的历史和岁月，不变的是，每种形态的房子里，都曾经承载了一代人的欢乐，谁在那里自由，谁在那里成长，谁就永不忘怀。

▼ 老厝里藏着许多温暖的故事。 图 / 周赞家

家住东浦路 文 / 方腾

在厦门，像东浦路这样的小街小巷纵横交织，它们是城市的“毛细血管”。它们一点点地变，一天天地成长，这变化铿锵有力，成为改革开放后厦门沧桑巨变中嘹亮的乐章。

“上海有浦东，厦门有东浦”，一日在下班返家的路上，听同事小王如此戏说，心中不禁一激，如一小石入水，思绪的涟漪就此悄然荡溢开来……

上海浦东，国际金融中心，鳞次栉比的高楼直插云霄。厦门东浦路，一条不起眼的小路，静静地躲藏在繁华闹市的身后，这里有茶楼酒肆、药店商铺，有摇尾撒欢的小狗，还有腆着大肚子悠闲散步的孕妇和夕阳余晖下携手同行的老人……虽无绮丽的风景，平淡如歌，歌声里却充溢着柴米油盐生活中旋律。

6 年前，我从福州来厦，四处寻房后最终落户于东浦路建发花园。乍闻东浦路，心里不由地一惊，真是机缘巧合——福州也有东浦路，也是毗邻火车站，亦是两车道；更巧的是，我在福州的住所也在东浦路上。“似曾相识燕归来”，看来生活里的故事常常也有雷同的版本。福州东浦路，一面是民房和小区，一面是铁道线。6 年前，我常常骑着自行车穿梭于此。那时道路边叫卖的小贩极多，加之车流人流密集，拥挤不堪。在此道上骑行，看着一辆辆汽车紧挨身边飞驰而过，难免心惊肉跳。福州的东浦路给我的印象并不好，前些日子回了一趟福州住所，改变了我的看法。东浦路路面已经拓宽，街边是葱茏的绿树和绽放的鲜花；沿着铁道线一侧的街面修建了围墙，不给毛贼留有可乘之机。

福州的东浦路在变，厦门的东浦路自然也不甘居落后。道路两侧的小区楼房，如雨后春笋般耸立了起来，一个个花园式的小区迅速拢聚着人气；新华都等知名品牌引领众多商家纷纷入驻，提升着人们生活品质。更让人欣喜的是，违章建筑被拆除，道路进行了四车道改造，还建起了一座崭新的小学——稚童欢笑、书声朗朗，东浦路的变化写满着诗情；绿树掩映、鲜花绚烂，东浦路的变化描摹着画意。

“上海有浦东，厦门有东浦”，生活在东浦路的一些朋友总爱这样戏称。是啊，在厦门像东浦路这样的小街小巷纵横交织，它们是城市的“毛细血管”。它们一点点地在变，一天天地成长，这变化铿锵有力，成为改革开放后厦门沧桑巨变中嘹亮的乐章。

灯光织就的音符，流淌在琴键般的街道上。 图 / 洪志武

情归厦门 文/庸子

这个滨海小城显示出与大都市上海迥然不同的另一种魅力，让我开始另眼看她了。

▼ 五缘湾湿地公园是厦门的桃花源。 图/朱庆福

尽管对厦门无甚了解，我却在大学毕业一年后，近乎押宝地选择了到厦门大学任教。

那是1968年9月。做出选择后仅7天，我就离开了故乡上海，并在两天后的早晨到达厦门火车站。一辆三轮车，载着我向厦大进发。上午7点多，正是上班和买菜的高峰。刚进入后江埭路段，二车道的厦禾路立刻变得拥挤不堪。汽车、自行车、三轮车、板车、行人和小贩混杂，把路面塞得满满的，喇叭声、车铃声、吆喝声和讲价声更是充斥于耳。主干道像个菜市场，让我对今后在这样环境里的生活，产生了些许担心。

折腾了好一阵，三轮车终于离开了这个人、车、摊的“大杂烩”，转入公园东路。边帮忙推车上坡，边欣赏这条不时拐弯的幽静小马路。稀少的步伐不紧不慢的路人，依坡而建的各式小洋房，加上整齐粗壮的凤凰木顶端“展翅”的绿叶之上，大片大片盛开的红花……带点洋气的宁静、祥和、热情的结合，这个滨海小城显示出的与大都市上海迥然不同的另一种魅力，让我开始另眼看她了。当天傍晚，背对夕阳，赤脚走在住处——厦大工学馆前沙滩上，随着清凉海水的拍打脚踝，细腻海沙的摩擦脚底，从未有过的一种舒适感由下到上穿过我的全身。抬头有蓝天白云，远眺有茫茫大海，低视有进退潮水，我仿佛置身于一幅风景画里，而因我的脚步仓皇逃窜的小螃蟹，更让人感到厦门的一种生命力。面对《小城春秋》中描写的南国风光、滨海小城、曲径小巷，淳朴民风的现实版，我就此一见钟情地爱上了厦门。次日，我给父母发出了离家后的第一封信，告诉他们“我很好，我喜欢厦门。”

42年过去了，我变化多多，但对自己第二故乡——厦门的热爱却有增无减，因为，她是越来越充满活力和现代化了：10多年前，厦禾路扩建成了6车道，去年更有了凌空穿行的BRT，一座座高楼大厦拔地而起，一个个商场（圈）沿街而开，路上人和车是多了，但交通秩序之井然绝非昔比；成了市府大道一部分的公园东路，在路面取平拓宽的同时，依然保留了那整排迷人的凤凰木和年代久远的大榕树，取代旧式小洋楼的一栋栋大楼，叙述着厦门现代化的进程；老旧的厦大工学馆变成了新建的生命科学学院，学院南面那全国独一无二、与海岸线咫尺之遥、贴浪延伸的演武大桥不仅超凡脱俗、雄伟壮观，更展示了厦门人在保护环境，建设海上花园城市上的坚定执著和独具匠心……面对这些，我当然是情归厦门了。

图 / 徐金跃

▼ 今日厦门 一幅美丽的画卷。 图 / 陈方青

长作厦门人 文 / 章志辰

在游客的眼里，不能成为鼓浪屿的永久居民是一件憾事，生长在厦门是一种福分，不只于人，甚至于草木鱼鸟。

图 / 徐金跃

图 / 姚凡

在厦门岛，有水泊的地方即可邂逅市鸟白鹭。路过筼筜湖畔，我会辨识不同种类的白鹭，进而查阅图书，得知厦门的鹭鸟达 16 种之多。若从鹭鸟之于厦门的依恋角度看，其中的白脸鹭为迷鸟，草鹭为旅鸟，大白鹭为候鸟，小白鹭为留鸟。其实，在一座城市里，人与鸟相差无几，有迷途的，有匆匆过客，有寒来暑往的，有长期居留的。

30 来，厦门的城市魅力正淡淡地释放着，年年吸引着数万名异乡人落户居留。20 年前我投奔厦门时，年轻的心先是无由地浮躁着，以为背包一提，随时可以漂泊远行。年岁渐长，我在这座城市就业、婚育、生活，不知不觉中不安分的性格一缕缕地泯灭了，人越发内敛淡泊。妹妹、弟弟也陆续在这座城市的某个角落里立足谋生，父母一年中留住厦门的日子也多于老家。如今母亲天天与社区一群阿婆娴熟地乘坐公交车转悠于数个菜市场，小妹则期盼孩子能够早日落户厦门。

兴趣所致，我成为一个小有名气的兼职导游。在厦门，有一半的历史散落在各处摩崖石刻上，鼓浪屿随意一座基督教堂、风貌建筑都可以轻易地引申出中国近代史的一段掌故佚事。辗转在景点及市区之间，每一批客人会与我交流他们的发现与感受——这里听不到汽车嘈杂的喇叭声，洒水车以《鼓浪屿之波》主旋律作避让铃音，连小贩收购“彩电冰箱洗衣机、空调电脑热水器”的吆喝声也如同吟诗；这里绿树竟然盛开绚丽的红花，海浪出奇温顺平静，潮音一如海的梦呓。在游客的眼里，不能成为鼓浪屿的永久居民是一件憾事，生长在厦门是一种福分，不止于人，甚至于草木鱼鸟。

记忆中，多年前的一个“五一”劳动节，在市广电中心演播大厅，我聆听一位到过厦门不下 10 趟的国家领导人当众感慨：在中国城市中，我最常来的是厦门，今后我还会经常来的……小城，总让相遇过的人们在不经意间再次相遇，因而富有人情味；小城本是一座港埠，机场、车站、码头处处经历着别离与重逢，人们便格外看重感情。到外地出差，我时常能够分享到人们对厦门的赞许，这也往往加剧我对厦门莫名的思念。诗人苏东坡“日啖荔枝三百颗”，即不辞长作岭南人，对于安顿我的厦门，我又能做些什么——我打算考取一本导游证、当一个志愿者，面朝大海给游客讲解这座海滨城市的前世与今生，讲述一段白鹭的故事，也传颂着林巧稚大夫在病榻前说过的一句话：“我是鼓浪屿的女儿，我常常在睡梦中回到故乡的大海边，那海面真辽阔，真美……”

传说白鹭是厦门岛最早的主人。 图 / 徐金跃

半隐城市伴山林 文 / 施施然

未知老天何以如此厚待于我，我竟真的找到这样一处如意居所，位于龙池文圃山下的圣地亚哥，这里符合我此前对生活的大半想象。

尽管我是如此的厌倦城市，厌倦城市中人与人之间的淡漠，厌倦堵车，厌倦各种嘈杂和灯红酒绿的浮华，但是我却无法否认，城市是文明的趋势，或者说是现代人集体的生存趋势。

有过城市经历的人，恐怕离开其中哪怕一天，也要处处感受到不方便来。关乎这一点，似乎没有人能轻易否认。

但是，由于职业关系，我深受传统文化的熏陶，嗜古敏求，对“半生林下田间”的生活格外向往。于是，常常有出逃城市的心思，幻想有一天，可以“半隐半现”——我一直很想和城市来讨价还价：城市，我想来就来，想走就走，可以吗？

未知老天何以如此厚待于我，我竟真的找到这样一处如意居所，位于龙池文圃山下的圣地亚哥，这里符合我此前对生活的大半想象。

圣地亚哥无疑是美丽的：满园郁郁葱葱的植物，幽静的石或砖铺小径，充满建筑之美的楼体，以及完善的配套设施，建发房产旗下的怡家园物业公司亦能做到和善尽职。

关键还在于圣地亚哥与城市之间那种微妙的若离若离的“近”：尽管驱车至厦门市内中心商圈不过十数分钟的车程，这里却有着和闹市迥异的生活氛围，那是一种发自肺腑的恬淡与闲适，全不似市区间的忙碌与拥挤。

由于心系之田园，入驻圣地亚哥之前，关于我新房装修设计的意图就清晰起来，其构成元素以古典红木家具、字画以及一切简单自然的东西为主，绝不轻易尝试所谓风格混搭、各种夸张的色彩或者现代化的奇怪材质。我要让自己的房间里的每一个角落，都是我真心喜欢的样子，都是事物原本应有的状态。

结果当然也是圆满的。到过我家里的朋友都赞不绝口，纷纷夸奖圣地亚哥的小区环境以及我的居室装修。我真的开心极了。

于是我安心地住下来，每天读书、写作，抽闲临临古帖，散散步，偶尔和朋友在市区聚会，或者去商场购物，去电影院看一部新片，

圣地亚哥小区实景拍摄。

去古玩城淘点玩物，或者在书店消磨掉一个下午时光。如此动静相宜，难怪我的姐妹们都不无揶揄地称呼我是活在梦境里的“古早郎”，太不像是新时代的时尚女人了（哼，小女子亦古亦今，岂是那么容易懂得的？）

絮絮叨叨的对我的现状描述一通，最后应该要感谢圣地亚哥的开发商建发房产。特别提出的是，我很欣赏建发房产新近发布的“尊重城市关爱人”的宣传主题，认为这是一个既有商业智慧并充满人文关怀的精彩概念，并符合建发一贯的公司风格。趁此午后有暇，藉建发征文之际，写作短文如题，并附几张照片，以阐释我“半隐城市伴山林”的生活主张。

希望我和家人在圣地亚哥生活得愉快，希望我的邻居们同样能够幸福，祝愿建发房产兴旺昌盛，为人们提供更多美好的居所，让每一个人既能享受城市发达之美，也能享受到生活舒适之美。

相守厦门 相爱一生 文 / 温国栋

爱上厦门，因为她见证了我和爱人从相识、相恋到步入婚姻殿堂的整个过程，见证了我们在为未来美好生活而打拼的点点滴滴。

图 / 王火炎

图 / 王火炎

有人说，厦门作为全国十大宜居城市，是一座安逸的城市，适合养老，不适合创业。有人认同，有人反对。而我就是爱上了这座城市，从第一次踏上厦门这片土地开始就迷恋上了。喜欢上厦门的海，厦门的气候，整洁优雅的环境。喜欢吃酱油水煮海鲜，喜欢小鱿鱼，喜欢原汁原味的特色大排档。喜欢我仍然听不太懂的闽南话。虽然我还不算是一个真正的新厦门人，但我如同深爱我成长的老家一样深受这第二故乡。

爱上厦门，因为它见证了从我踏入社会工作以来成长的每一步发展历程、一路走过来的一个个脚印。还记得当年大学毕业时那年，放弃了在老家找到了一份待遇还不错的工作，义无反顾来到厦门找工作。由于还未毕业，到学校安排的单位实习，实习单位安排不下，只好在大厦的消防通道间铺了块木板就成了我临时的床，这一呆就是三个多月。那年正好处在非典期间，又因对实习单位的工作不满意，只好边实习边找工作。每逢周三、周六人才市场开放期间，拿着简历去投，测体温，在人潮中挤来挤去看用人单位的招聘启事，由于“非典”，大多都是只见招聘简章不见人。看到符合条件的放下简历，等人散去，用人单位的人再去收简历，交流是谈不上了。最后幸运地进入一家还算不错的通讯公司。

爱上厦门，因为它见证了我和爱人从相识、相恋到步入婚姻的殿堂整个过程，见证了我们在为未来美好生活而打拼的点点滴滴。爱上厦门，因为走到哪里坐下，总是会有人热情递上一杯清香的茶给你品尝。公交车上，总是会见到陌生人在给有需要帮助的人让座。有太多太多的文明行为让你感动。

我爱上了这里，和我心爱的人生活在这里，妹妹大学毕业后也来到了厦门工作。我的孩子在不久的将来也将在这里出生、上学，成长……，相信同样会和我一样喜欢上这里的一切。

来厦门工作已有 7 个年头，7 年来，见证了厦门日新月异的发展变化。BRT 城市快速公交系统让我们出行更加安全、便捷；高架桥的、成功大道的兴建让城市道路更加畅通；保障房建设解决了许多住房困难的百姓难题……

爱上一个人不需要理由，同样，爱上一座城市也不需要太多理由，爱她就和她一起生活在厦门吧！

和谐筼筜人鸟共栖。 图 / 徐金跃

爱在海韵园 文 / 汤延东

站在阳台上往下看感觉海韵园就像个娇羞的女子，让人不由地向多看她几眼，忍不住想将她拥入怀中。特别是在雨天或是雾天，海韵园的中庭就像个刚出浴的女孩，朦胧中透着飘渺的美。

1999年，公司搬迁到银行中心，我上班的路又远了许多，不禁抱怨也多了起来。记得在那个炎热的夏天里，难为老公顶着烈日骑着他的车，在公司周边的楼盘不停地搜索。

终于有一天老公给我打个电话："你能来西应殿街这么？来看看这里的房子。"天生就喜欢逛街的我，对房子也是如此，去看看吧。

楼盘的地点不错，楼盘的名字也起得好——海韵园。最令人心仪的是售楼处的楼盘模型，苏州园林式建筑，暗绯红色的阳台栏杆，很低调的屋顶，它让我找回了一种久违的亲切感，心底里情不自禁地流淌出一股浓浓的暖意，和着我印象中柔美的江南水乡的感觉，心灵深处那最柔软的那点瞬间被点开，放松到身体的每一个细胞。对，就是她了。接下来的日子，我几乎每天都在不自觉地关注着她的点点滴滴，她每天的工程进度，掰着指头算着她的交房期。那时候的心情竟然真有点像怀孕时总想早点见到肚子的孩子一样，又有点像热恋中的情侣等待心中的那个电话响起前的焦灼。

"海韵园"离我的公司很近，离儿子将来要读的学校也近，老公说只要把我们娘俩安排好了他就放心了，现在想想真的很感动。

日子像流水一样淌淌而过，海韵园的新家也在我们期盼中日益丰富起来，终于迎来了入住的那天。新家的一切总是不断地每天提醒着我，刺激着我的感官，我每天用充满柔情的眼睛去观察她，在她的面前，我的心变得澄净透明，她能让我放逐所有的不快，她让我放弃所有的不满，她让我放下所有的不如意。就像初为人母时总是不停地用爱抚的眼光抚摸着襁褓中的婴儿。我最喜欢做的事就是在北阳台上做深呼吸，小区绿化配以苏州园林的建筑，基本与模型图一样的优雅，让人看起来就是如此轻松惬意。站在阳台上往下看，感觉海韵园就像个娇羞的女子，让人不由地向多看她几眼，忍不住想拥她入怀。最爱雨中的海韵园像极一位蒙着面纱的女郎，那么神秘莫测，那么柔美轻盈，那么缥缈动人……虽已入秋，雨中的树叶却更显油亮，远远望去，一片绿意浓浓，似乎轻轻一捏便能挤出一盏的新鲜来。细雨洒落在树叶上，发出轻柔的“沙沙”声，渐渐地凝聚成一颗颗晶莹的水珠，滴落在行人的雨伞上，滑落在小径上。

曾和老公不顾形象坐在栏杆上欣赏小区的路灯点亮的瞬间，一起抬头数星星，手拿星座图辨认着星座，牵着手在石桥上散步的，听着潺潺的流水声，最让我心醉的还是那垂柳，在轻风的吹拂下，婀娜多姿，翩翩起舞，闭上眼恍惚间感觉自己已经到了梦里水乡，而且还成为那个心爱人的盼望新娘了。每每晚归时在心里告诉自己总有那么一扇窗那盏灯在等候着我，还有门口可亲可敬的物业人员像家人总带着笑脸热情的迎接着每一位住客。

感谢老公，迁就着我，在他的支持宠爱中我们找到了自己的家，虽然有机会住到别处，可是离开一段时间我们总是如此牵挂着海韵园，每次出门远行，回到小区儿子总是要喊上一声，“海韵园，我回来了！”其实不仅仅是他，我们也是如此眷念在这里的家，就像倦鸟回巢，感觉就像幼时回到母亲的怀抱。

爱上海韵园，爱在海韵园。

▼ 海韵园小区实景拍摄。

饮水思源 文 / 魏镇轩

抚今忆昔，作为在厦门居住 60 多年的老厦门人，我的感受是：厦门已经从一个海防小城市发展成为今天的海西中心城市了。

我到厦门定居已有 62 年的时间了。我国的改革开放恰似一道里程碑，厦门的城市建设在改革开放前后的各 30 年间，有着截然不同的变化。前 30 年厦门的定位是海防前线的小城市，一切从战备的需要考虑，城市建设非常缓慢，一直到改革开放初期，厦门人口才 20

▼ 1978 年改革开放至今的 30 多年厦门城市建设发生了翻天覆地变化。 图 / 王协云

万左右，市区也局限在火车站以西的狭小区域内；后30年厦门作为特区、海西建设的中心城市，引进外资，改革开放，在短短的30年间市区面积已扩大了几十倍，人口也将近300万。城市建设发展了，老百姓的日子也水涨船高地得到不少好处，倍加感到城市的温馨和宜居。我就从饮水方面谈谈自己的切身体会吧。

1948年，我住在后江埭的一家工厂的家属宿舍内。工厂内有一口井，井水是咸的不能饮用，只可洗涮之用，我们要到将军祠的淡水井挑水喝。1958年我租住在禾祥街的一个店面房子里。这时我们已经可以喝到自来水了，附近几百米的地方有一个老太婆在卖自来水，两担水卖一分钱。当时我每天放学都要去挑几担水来供家里使用。

1970年我家搬到中山路附近的周厝巷，仍然向巷子头的一个小供水站买水喝。记得有一年夏天闹水荒，连供水站也没水了，不知是谁，将中山路的一个消防水龙头打开，几百个赤膊挑担的人在那里排成了长龙等着挑水。我也穿着短裤背心夜里12点挤在挑水的人群中。吃水难是当时让我最头疼的大事情。

1978年改革开放至今的30多年是厦门城市建设发生翻天覆地变化的时期，不但“市区”覆盖了厦门岛的广大地区，厦门的“中心城区”也延伸到岛外的集美、海沧、同安、翔安等地。我家的住房条件也得到了一定的改善。单位领导了解到我家的困难，先让我到学校的简易宿舍住了几年，后又让我申购了统建房，解决了我的住房困难的问题。随着住房条件的改善，我家的厨房有自来水管，卫生间、阳台也有自来水管。再也不必半夜三更去挑水了，多年的吃水难问题得到了解决。

抚今忆昔，作为在厦门居住60多年的老厦门人，我的感受是：厦门已经从一个海防小城市发展到今天的海西中心城市。

家在厦门　心也在厦门 文 / 陈咏梅

因为，厦门是我出生长大的地方；因为，厦门有我读过的小学、中学、大学；因为，厦门有一辈子关心爱护我的亲人。

固守的身影温柔地回眸一城繁花似锦。 图 / 洪志武

小学时，爸妈、哥哥、弟弟和我一家五口人挤在一间不足30平方米的房间。爸妈和年幼的弟弟睡一张床，哥哥睡在一张小竹床上，在哥哥的竹床旁边紧靠着的一张长的小桌子，那便是我的“床”。个头还小的我睡在那“床”上，还有剩余地方呢！记得每天早上我醒来后，旁边都会多出一张椅子，那是在我睡着时，爸爸为了防止我“滚”下来，悄悄摆上的。房间虽小，可是我们一家五口还是很开心。晚上，五个人一齐坐上爸妈的床上，妈妈哄着弟弟，爸爸讲着故事，说到精彩之处，我和哥哥都会全神贯注地听，弟弟偶尔也会一起哈哈笑。

中学时，搬家了，两房一厅。房间都很小，爸妈和弟弟睡一间，哥哥睡一间。我的房间是最大的，因为我的床就在厅中。那床是“床”也是“椅”。白天把它折起来就是一张靠椅，晚上把它放下去就是一张床。晚上蚊子很多，妈妈就买了一个类似帐篷的蚊帐，罩在床上。刚上小学的弟弟觉得在蚊帐里钻来钻去，很有趣，总想跟我睡在这床上。爸妈担心弟弟会因半夜踢被子而着凉就不允许。弟弟使出杀手锏，哭起来。爸妈就假装同意了，等到弟弟睡着时，就偷偷地把他抱回去。等弟弟早上醒来的时候，已在爸妈的床上。“你昨晚自己爬上来睡的”，妈妈笑着哄弟弟，弟弟竟然相信了。

等到我上了高中，家里已经是一幢80多平方米的三层楼。楼下一间房间是爸妈的，二楼三个房间，我们三兄妹一人一间。当我上大学时，哥哥已经在工作了。我们俩每周或两周回家一次。每次我回家时，总会听到哥哥说“还是家里好啊！”是啊，俗话说“金窝银窝，不如自己的狗窝”。回家，看看爸妈的身影，听听爸妈的声音，吃吃爸妈做的饭菜，那是一种幸福。回家，看到在工地上班被晒成“黑炭”的哥哥，看到在为了未来而努力读书的弟弟，那是一种欣慰。

如今，我已经大学毕业了，在找工作的时候，我坚决排除了在市外的工作，依然选择在厦门工作。因为，厦门是我出生长大的地方；因为，厦门有我读过的小学、中学、大学；因为，厦门有一辈子关心爱护我的亲人……家，在厦门，心，也在厦门。

▼ 在这里枕海听涛，安享大海妈妈的呵护。 图 / 李鸾汉

租来的幸福 文 / 朱耀军

这幢楼房里生活着来自天南地北的人，在房东阿姨这个“家长”的主持下，我们就像生活在一个温暖的大家庭里。

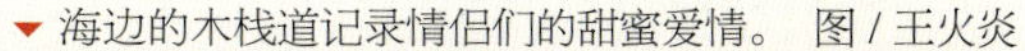

海边的木栈道记录情侣们的甜蜜爱情。 图 / 王火炎

俗话说：千里姻缘一线牵。我的这桩跨越了几个省份的婚姻，其实，还真亏有了房东阿姨的这条红线的牵连。

1999 年的时候，我背着简单的行囊，只身来到厦门，租住在杏林一个叫银尾的村子里。那时，涌入厦门的外来务工人员特别多，村子里的建筑不像现在，林立栉次的高楼随处可见。那时，出租房就显得相对紧缺，像我这样刚到厦门来还没有找到稳定工作的人来说，想租间房子就有些不是那么容易了。

那天，我背着行囊，问了好几个地方，不是没空房就是嫌我没工作。我的两腿就像灌铅一样再也迈不动了。当我敲开房东阿姨的大门时已经是晚上九点多了。她上下打量了我一番，说：才来的吧？我说是，或许是看到我一身的疲惫，也或许是我一脸的真诚打动了她。她说，晚了，你先住下吧，明天再找我办手续。

第二天早交完房租，阿姨交给我一些配备的东西后，我觉得房东阿姨是个挺不错的人，我丝毫没有感到“寄人篱下”的感觉。

在这幢楼房里生活着来自天南海北的人，然而在房东阿姨这个“家长”的主持下，我们就像生活在一个温暖的大家庭里。那个时候不像现在，人人都买得起电脑，我们连个电视机都没有。到了晚上，阿姨就把客厅里的那台29英寸的大彩电搬到院子里给大家看，每晚她也都会拿出茶具泡上一些茶，还摆出好几排的凳子。对每一个刚下班回来的人，她都会关切地问上一句：回来了！快来，喝杯茶坐下来歇一歇！她的这种问候就像极了母亲平时对子女的那种关爱，总能抚平我们这些游子思乡的心。

阿姨对我们的情况也了如指掌，哪对夫妻俩拌嘴了，她就去做做思想工作，开导开导。哪个加班还没回来，她也总惦记着。

后来，我进了附近的一个工厂上班。同幢楼也有一女孩子在那个厂上班。但是我们不在一个部门，所以她每晚都要比我晚一个小时才下班。估摸着是时候了，阿姨就会冲着正在看电视的我说，小伙子，去接一下你们厂的那个女孩子，这么晚了，一个女孩子让人挺不放心的。第一次我还真不好意思，可阿姨的话却不能不听。后来，这成了阿姨分给我的一项固定的任务，就连早上我也要骑着单车载她一起去上班。再后来，为了缓解我们打工族的租房压力，也为了减轻我们双方的经济负担，我和那个女孩搬到了一起住。如今，她早已成了我的妻。

在那里我们住了好几年，都不愿意搬走。后来，房东阿姨重新翻造成布局合理的现代化楼房。但是，由于工作的原因，我已经没再住进去了。可是，我却永远也忘不了那位房东阿姨，因为在她那里，我租到了家一般的温暖，也租来了我一生的幸福！

沉睡的大地描绘出人居生活的美好憧憬，花园城市在光和作用中作深呼吸。 图 / 郑宪

图书在版编目(CIP)数据

小城大爱/建言编.—厦门:厦门大学出版社,2010.9
ISBN 978-7-5615-3687-2

Ⅰ.①小…　Ⅱ.①建…　Ⅲ.①城市建设-成就-厦门市　Ⅳ.①F299.275.73

中国版本图书馆 CIP 数据核字(2010)第 192148 号

厦门大学出版社出版发行
(地址:厦门市软件园二期望海路 39 号　邮编:361008)
http://www.xmupress.com
xmup @ public.xm.fj.cn
厦门华彩印务有限公司印刷
2010 年 9 月第 1 版　2010 年 9 月第 1 次印刷
开本:787×1092　1/16　印张:7.5
字数:180 千字　印数:1～3000 册
定价:30.00 元